家族传承
佳佳说家文化

Family Inheritance
Jiajia Talks about Family Culture

陈佳佳 / 著

上海社会科学院出版社

序一

祝君波

家以及家族的传承，是一个古老的话题。自从恩格斯写了《家庭、私有制和国家的起源》，大家大体知道家比国家的历史要长久得多、普遍得多。"国家"二字，在今天是一个词，在古代中国却是两个词，即"家庭"和"国家"。在当时这是完全并列的概念。今天，国家的重要性当然毋庸置疑，我们都认同有国才有家，从而形成了国人从古到今的家国情怀。

在农耕文明近万年的历史长河中，家、家族也一直是最基本的社会组织，它承担了生产劳动、家族繁衍、教育后代、保护家人安全等的社会职能，所以家族传承、家风家教一直是我们中华民族十分重要的历史文化，并且在长期的社会实践中，形成了一整套系统的理论。这是我们民族一笔巨大的财富。

随着农耕文明的解体以及工业文明的进步,社会的生产劳动以及生活形态发生了很大的变化,由农村走向城市,由农民变为市民,家族概念解体,家庭存在方式也和晚清民国时期有了很大的变化,单位、社区的作用强化了,而家庭、家族的作用大为弱化了。尤其在风雷激荡的革命年代,以公有制为基础的所有制结构,一度使家庭私有财产融入公有制之中,财富传承也就无从说起。又由于计划生育的政策实施,也不再有从前钟鸣鼎食的大户人家,大家庭式的教育方式也最终消亡。

改革开放是一次社会结构的调整,随着非公经济的恢复和发展,家族财富得到了很大的积累,随之而来的家族财富传承也成了一个现实的话题。由于政策的调整和观念的更新,本人观察到近些年一些富裕家庭的第二代、第三代人数也得到了较大增长。于是,我们有关家族财富传承的教育机构、出版物、讨论会和研究应运而生,形成了一个热门的课题和活动。

本书作者陈佳佳女士比较早关注了这一社会

现象，曾组织过七届上海交大教育集团"家族财富管理与传承"研究项目，成立了创合汇新商学"家族传承道与术研习社"。在与授课教师以及学员的交往中，掌握了大量的素材，积累了丰富的知识，并逐步上升为理性思考，写出了这本有见地的书。

首先，本书虽然也涉及家庭实体财富传承、传承中的法律等问题，但更注重于家族精神、文化品牌的传承。这是其最有特点、最有价值的部分。其次，叙述时注重挖掘古今中外名门望族关于家族传承的经典案例，在排列组合、案例分析的基础上，归纳出具有普遍性、启示性的思想和理论，给读者以更直观的启示和教育。最后，将家文化分解成教育、家书、家业、家道、家谱、家训等篇章层层深入细述，使家族传承的内涵和外延有了清晰的呈现和逻辑深度，也体现了作者的深度思考和写作技巧。

由于作者上几代为名门大族，有家族传承的实际生活感受，加上近年大量的教学实践、对当下生活的积累和思考，因此，本书言之有物，生动有趣，融知识性、文化性和实践性于一体，具有相当的出版价值。同时，本书作者主张家族传承领域"传承无限，止于至善"的理念，以"尊严＋慈善＋传承"为核心的思想，还是很有创见的。

家族传承在近年是一个时尚的新话题。随着社会的进步、人口结构的变化以及中外模式的相互借鉴，一定会有更丰富的实践探索和经验总结，我们相信今人一定能创造出源自传统又有新时代特点的家族传承新模式和新理念，以解决社会发展中的新情况和新问题。

（作者系上海文史资料研究会常务副会长、上海市新闻出版局原副局长）

序二

沈桂龙

历史兴衰，朝代更替，总与特定时代的家族联系在一起。家国天下，家与国从来就是以各种社会形式紧密联系在一起的。中国的和亲政策，欧洲的王室联姻，莫不如此。中国的孔氏家族，欧洲的哈布斯堡家族，都是社会发展进程中的家族典型。

家族兴衰时常能反映或预示国家进退。尽管不是所有家族都能充分反映国家管理状况与兴旺发达，但一些典型的家族兴衰常常能反映国家的运行秩序甚至存亡兴盛。中国历史上汉朝的刘家天下、唐代的李氏王朝直接代表国家和朝代的更替，姓氏、血统与家族是皇室紧密联系的三个方面。欧洲国家之间的冲突与缓和也和家族、王室与宗教联系在一起，英国的光荣革命最为典型。

家族是体现社会文明的重要载体。家族作为血缘关系密切的群体，不仅仅有着人类繁衍的最重要功能，为家族人丁兴旺、国家人口繁荣作出贡献，还在内部管理、家风家规、乡规民俗等方面起着社会的底层与基础作用，甚至为国家制度变迁提供重要的实践探索与变革力量，为社会文明的渐进演变和持续演化发挥极其重要的作用。中央纪委监察部网络中心组织编写《中国家规》一书，政府"管到家"行为具体生动体现了家族之于政治生态和社会稳定的重要性。

家族也常和历史上的重要人物联系在一起。河东裴氏绵延两千年、兴盛八百年，历史上裴度等知名人物皆出入于此，宰相村更是千古闻名；千年古镇婺源江湾望族江氏，有状元、进士、仕宦三十八人；北宋苏门三学士，文学领域和政治领域都留下明显印记。欧洲的罗斯柴尔德家族对全球经济影响巨大，被戏称为地球最神秘的家族，其创始人梅耶·鲍尔和他的五个儿子"罗氏五虎"都是历史上值得浓墨重彩的人物。

家族传承对于家族兴衰和国家发展意味着什么？家族始兴，继而兴旺，不仅有历史机遇，更有家族创始人成功基因。发扬和继承家族中能为社会公认、实践验证的优良传统和习惯，会为家族延续和繁荣内生持续性动力。当然，科技发展和制度变迁为家族传承注入更多活力，家族的血缘关系为更多契约化关系所"混改"。家族传承放大到国家层面，会为社会核心价值带来稳定的社会基础，文明进步来源于家族的良好传承，北魏孝文帝的汉化非常典型。从全球化角度看，文明冲突的避免更需要家族文化中开放、交流、交融特性的传承和发扬。

这本关于家族传承的书，以时间为轴，空间为基，内容简约，形式生动，微言大义，对家族传承的历史典故、社会意义做了很好的阐述。作者本身就是名门望族之后，自身家族的兴衰读来更有感受度和冲击力。一本能够化繁为简、语言轻松的家族传承书籍，目前市场和教育中很是稀缺，这本书及时雨般出现在中国社会发展的特定历史阶段，从经济学的意义看，算是供给侧快速响应需求侧的很好案例。我相信，这本书一定会给读者特别是企业家读者带来更多思考和启示。

是为序。

（作者系上海社会科学院世界中国学研究所所长，研究员，博士生导师）

序三

高明月

这些年来，我有幸和陈佳佳一起携手，共同致力于家族传承事业，彼此已然有了惺惺相惜的感觉。

如今家族传承似乎成为了一种"显学"，投资、银行、保险、信托、税务、法律，无论你从事哪个行业，似乎人人都在研究家族传承，人人都是传承专家。在这种气氛下，出身书香门第的陈佳佳，是与众不同的，甚至可以说是鹤立鸡群的。因为她本身就是家族传承的成功代表，她投身传承事业，有种与生俱来的说服力。

当今社会，大多数自诩从事"家族传承"事业的人，在让人眼花缭乱的宣传包装之下，往往把金融、法税产品的销售当作核心目标。这就导致大多数人偏重家族的财富，忽略家族中最核心的因素：人！真正潜心研究家族文化、家风家训、家族教育、家族慈善的人，可谓凤毛麟角！

我一直用孔子的"问人不问马"的典故来形容陈佳佳，因为她切入家族传承领域的角度，恰恰就是人。在和陈佳佳一起合作开办家族传承培训班时，我们共同秉承长期主义的理念、以人为本的价值，以尊严和慈善彰显家族传承的人文关怀。陈佳佳已经是一名有情怀的教育者了，中立、客观是她研发课程的基本立场。传承班的学员们一定深有体会，陈佳佳是严格禁止在课堂上推销任何金融产品的。

有人遗憾陈佳佳错过许许多多"赚快钱"的机会，但她总是平和且坚定地回应：赚不赚钱不是最重要的，如何把当下既合规务实，又融会贯通，且更具人文滋养的"家族传承道与术"传授给大家，才是我们应该一以贯之所追求的目标。这也是我发自内心认可陈佳佳的重要原因。

如今陈佳佳把她多年来的宝贵经验和心得体会归纳出来，一定会得到市场的认可和欢迎！作为志同道合的好友，能为陈佳佳的新书写序，本人与有荣焉！

（作者系观韬中茂律师事务所权益合伙人）

目录

序一 / 祝君波 1

序二 / 沈桂龙 1

序三 / 高明月 1

引言 1

三国霸主的起名智慧 12

重始·固本·明辨·立志 21

家书,精神的传承 29

曾文正公的家书 40

父爱深沉 47

《孝经》中的"五等之孝" 57

四大家族的家风传承 64

深闺蕴藏斯文底色 73

婚姻发酵升华爱痛..................83

世家子弟的文化传承..................95

家谱的意义..................103

客从何处来..................109

孔家的传承根基"六艺"..................116

家族传承密码..................120

美国富豪的财富传承..................128

财富随想..................139

守望家训..................143

家庭与事业..................147

家族慈善的三重境界..................150

从鲁冠球看家族传承..................153

成为有魅力而强大的人..................157

不折不从,亦慈亦让..................162

家国情怀,家国同构..................168

引言

参天之木，必有其根；怀山之水，必有其源。一个家族的文化传承就如古董，它历经许多人的呵护与打磨，在漫长时光中悄无声息地积淀，慢慢地，这传承也如同古董一样，会裹着一层幽邃圆熟的包浆，沉静温润，散发着古老的气息。

古董有形，传承无质，它看不见，摸不到，却渗透到家族每一个后代的骨血中，成为家族成员之间的精神纽带，甚至成为他们的性格乃至命运的一部分。

——题记

我爱扬州，那里流淌出了一条既逶迤宛转又跌宕冲折的历史之河，那里亦有我奶奶的故乡和她出生的老房子"冬荣园"（东关街98号）。现在，就让我帮你推开一扇扇厚重的大门，走进那

冬荣园（扬州东关街98号）

一桩桩尘封的家族往事吧！

彼时，扬州冬荣园还是陆公馆，它是一座盐官老宅，园主人陆静溪曾经供职于两淮盐运司，而冬荣园是陆家的读书处。在园子的角落里，曾经摆放着积满灰尘的"肃静""回避"执事牌。冬荣园高大的门楼，虽然经历了百年风雨、几代沧桑，却依然兀立，现存建筑面积1692平方米，如今建筑大多已经被改建，不过保存较为完整。

园主人陆静溪育有两子一女，陆端甫排行老大，陆英排行老二，陆政甫排行老三。长子陆端甫的大女儿就是我的奶奶陆榴明，陆家在宝应和

陆氏宗谱世系图

陆静溪

长子 陆端甫　　二女 陆英　　次子 陆政甫

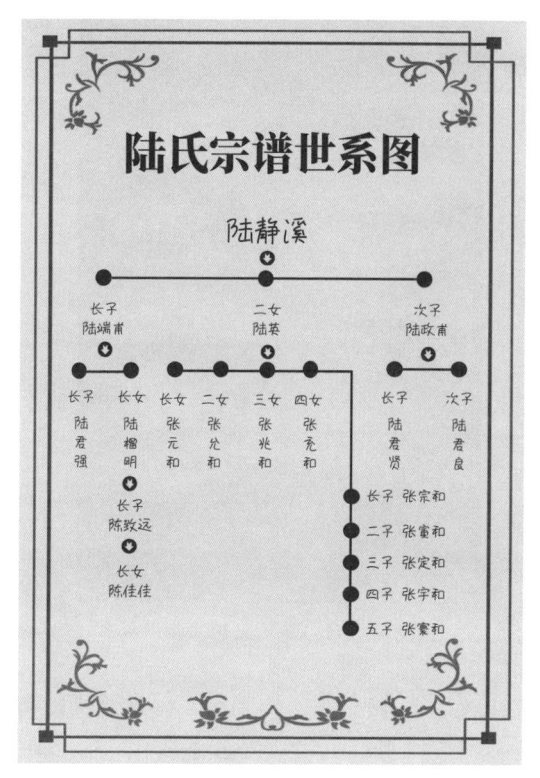

长子 陆君强
长女 陆檀明
　↓
　长子 陈致远
　　↓
　　长女 陈佳佳

长女 张元和
二女 张允和
三女 张兆和
四女 张充和

长子 陆君贤
次子 陆君良

长子 张宗和
二子 张寅和
三子 张定和
四子 张宇和
五子 张寰和

新时代的陆氏宗谱对女儿敞开大门

扬州黄家园、个园附近都有房产，冬荣园只是其中一处，系买自张氏。这个张氏就是合肥张家，后来奶奶的二姑陆英就做了张家的媳妇，陆英亦是后来文学界大名鼎鼎的沈从文的岳母。

"冬荣"这两个字，出自屈原《楚辞·远游》"嘉南州之炎德兮，丽桂树之冬荣"，曹植也有

奶奶的二姑，沈从文的岳母陆英

"秋兰可喻，桂树冬荣"的句子，都是赞美桂树不畏严寒、保持常绿的风姿。陆静溪以"冬荣"名园，表达的是一种志向，一种品性，一种桀骜。

冬荣园高大的门楼，经历百年风雨，依然兀立，如今更多的人来了解陆氏家族两淮盐官的家族史，也是为了拓宽合肥张家的历史脉络。我小时候，奶奶常常教我哼唱扬州小调，她从出生便融入了繁华的扬州生活，家里长辈女性们都是虔诚的佛教徒，一直拨款捐助慈善机构崇节堂。奶奶也经常以她的二姑陆英为荣,她为冬荣园增添了太多佳话。

我爸爸陈致远是家族同辈里最小的,提起家族史,他会如鲠在喉地不自在,习惯性地回避。因为爸爸那辈是最后一代在冬荣园里生活的,幼年时经历了特殊年代的风雨坎坷,眼看着家里收藏的扇面、书画和红木家具被没收摧毁,眼看着独特而精致的家园被荡平,眼看着家族成员一个个搬离出生的祖屋,分居世界各地。

陆家最古老的照片,后排左二为陆英

我从小跟着奶奶长大，奶奶常常会念叨她的二姑陆英，以她为荣。陆英待人接物，理财办事，周到妥帖，长辈、同辈、幼辈无不佩服。她为冬荣园增添了太多佳话与文化内涵。

陆英的先生是民国初年著名教育家张武龄，他一生拒不做官，却倾其所有家产，甘之如饴地大办学堂和公益教学。当时的人们都说他太傻了，有钱不知道留给儿女们花，正是他对教育的开明理解告诉我们：真正的幸福，不过是懂得向内去寻找。家风教育的终极目的，就在于让孩子拥有幸福的能力。他与陆英一起生育了九个孩子，其中四个姐妹，个个兰心蕙质，才华横溢，姐妹们的美是冥冥尘世中最明亮的殊色，这美也经由血脉的融合，化作言行举止里的点点滴滴，成就了她们各自人生的美满姻缘。玉树临风的昆曲名家顾传玠，学贯中西的语言学家周有光，大名鼎鼎的多情才子沈从文，风度翩翩的汉学家傅汉思，四位夫婿，也个个都是人中龙凤。

在那个动乱的年代，奶奶二姑的四个女儿"张氏四姐妹"虽然各个才情横溢，觅得佳婿，但都各自饱经沧桑，历经磨难：

周有光、张允和赴美留学,亲友在码头送别

大姐张元和,本是嫁夫随夫、夫唱妇随,孰料丈夫五十六岁因病去世,此后元和半个世纪身处异国他乡,八十岁还和曲友登台义演。

二姐张允和,1952年离开公职,回归家庭,自称"做了四十六年标准的家庭妇女,真正成了一个最平凡的人,也是一个最快乐的人"。

三姐张兆和,和丈夫沈从文可谓劫难重重、聚少离多,但即使是被下放和挑粪种田,但仍表现出让人动容的坚强与平静。

四姐张充和，国学功底深厚，对昆曲有着极高造诣，却云淡风轻、淡泊名利，以一种"游于艺"的态度，为弘扬中华传统文化默默耕耘一生。

四个姐妹，离世时分别为九十六岁、九十三岁、九十三岁、一百零二岁，不得不说，高寿也是一种了不起的智慧和心态。

我们的家族离开传统定义的"世家名门"还很远，但是我们历经五代的传承，应该能称得上是"书香门第"，因为在中国传统文化中对"书香门第"有这样的解释：

书，是指这个家族的孩子都要读过"四书五经"。

香，是指这个家族有宗庙和祠堂，时时刻刻在敬天、祭祖和上香。

门，是指家族门当的大小，古代门当的大小展现了一个家族的势力和财力。

第，是指"状元及第"的意思，是指这个家族近百年出过对社会有突出贡献的人才。

我慢慢领悟到：斯文家风，是我们这个家族最大的不动产。书画与昆曲是我们传承深远的家风习俗。对中国传统文化的追求已经渗透到家族每一个后代的骨血中，成为家族成员之间的精神纽带，甚至成为我们的性格乃至命运的一部分。"斯文"是一种潜在无形的力量，在我们日常生活中，潜移默化地影响着后人们心灵。

家族的长辈，用言传身教告诉我们：一个君子，不仅要内心光明坦荡，也要外表得体大方，也就是内外兼修。从大处讲，是否确立和推崇君子人格，直接关系到整个文化生态的健康有序，

后排左起为周有光的孙女周和庆、奶奶陆榴明、周有光、沈从文、张兆和，中排左起为傅汉思、张允和、张充和，前排为沈从文的儿子和孙女

甚至关系到民族存亡和国家兴衰。从个体生命来讲，只有做个君子，才能得到精神上的恒久力量、安宁和喜悦。正所谓"君子固穷""君子坦荡荡"。在面对人生的困境乃至于绝境的时候，唯有真君子才能有所坚守和秉持，淡定坦然，如松柏屹立不倒。

一方水土养育一方人。在烟花三月的扬州，一座富含底蕴的深宅，我奶奶家族里曾经走出过多位出类拔萃的才子才女。古城的经年岁月，不仅要记录在这样的文字里，更要传承在镌刻着先

奶奶陆榴明（左二）与家人摄于冬荣园

人生命信息的家族精神里，有家风可以触摸，有音容可以追忆，有感情可以寄托，有历史可以凝望。

作为新时代的父母，该如何理解家文化呢？迷惑之时，我们总能在过往的历史中寻找到一些痕迹。在接下来的篇章里，我将与大家分享更多世家望族那些不为外人所知的家文化传承密码，让新时代迷茫的父母们在这些历史的痕迹中，领会家文化的智慧，积淀家文化的馨香，让每个家庭都散发出由内而外的美。

三国霸主的起名智慧

曹操，我国伟大的军事家、政治家、诗人。今天我们不谈他的这些标签，我们换一个维度，谈谈教育。我们不说那些枯燥、晦涩的理念，先来研究一个有趣的东西——名字。

三曹像

曹操的卞夫人为他生了四个儿子：长子曹丕，次子曹彰，三子曹植，四子曹熊。其中曹丕、曹植因为《七步诗》的典故为人熟知。曹操、曹丕、曹植又因为文学造诣，被称为"曹氏三杰"，《三国演义》中称他们是"建安三杰"。

曹植更是成为后世文人的偶像，南朝大诗人谢灵运曾说："天下文人的才华加在一起，有一石（重量单位），曹子建一个人占了八斗，我占一斗，从古至今所有的文人加在一起，占剩下那一斗。"

这个曹子建就是曹植。曹植，字子建。"植""建"，这两个字眼，并不存在才华横溢的意思，曹操给曹植起这个名字，是想要表达什么意思呢？他给其他儿子起的名字又都有什么玄机呢？我们来试加分析。

长子曹丕：字子桓。丕，桓：大气威严的意思。

次子曹彰：字子文。彰，文：有文化的意思。

三子曹植：字子建。植，建：建设管理的意思。

四子曹熊：字子威。熊，威：威猛的意思。

但实际上呢？

长子曹丕，一点都不大气威严，虽然当了皇帝，但心胸狭窄，缺少格局。

次子曹彰，一点都没有文化，是个猛将，反倒是三子曹植才学斐然。

三子曹植，一点都不懂建设管理，这倒是长子曹丕的特长。

四子曹熊，是个病秧子，一点都不威猛，反倒是次子曹彰很威猛。

有朋友会说，这简直是大型打脸现场啊！曹操的"预测"没一个准的，名字起得完全不对啊！其实，这恰恰是曹操的过人之处，古人起名与现代人不同，现代人是生下来家长就给起个名字。古人是二十岁为弱冠（成人），在弱冠时，由家里长辈按照这个孩子的特征来起字。字是名的解释，名加上字才能完整表达名字的意思，所以往往在起字时，也会相应修改名字。

简单点说，二十岁之前的名字是乳名、小名，是家人随便起的，到了二十岁时，就会根据这人的特点，正式起字修名。

正是因为曹丕不大气、不威严，曹操希望他能改变，才给起了这个名字。同理，曹彰、曹植、曹熊名字的含义都体现了他们的弱点，曹操希望他们能改变这些弱点。

这就是曹操的教育理念之一：谨记弱点。用现在的话说，这叫短板理论，人的每一个特征都是一块木板，拼在一起，形成一个木桶，木桶能装多少水，是由最短的那块木板决定的。一只桶想盛满水，必须每一块木板都一样平齐且无破损。所以人生的努力，就在于去修补那块最短的木板。

木桶原理：一只水桶能装多少水取决于它最短的那块木板

有朋友说，然而这并没有什么用啊，他们最后也没改成功啊！这就是我们要讲的曹操的教育理念之二：发展天赋。比如，曹操对次子曹彰的教育。因为文化是曹彰的短板，曹操一直督促他学习《诗经》《尚书》。曹彰则说："大丈夫应当效卫青、霍去病那样的大将军，率领十万之众在沙漠上驰骋，驱逐戎狄，建功立业，哪能做博士呢？我要当将军。"曹操说："你怎样做将军呢？"

曹彰回答说："披坚甲，握利器，面临危难不顾自己，身先士卒，有功必赏，有罪必罚。"

曹操大笑，从此不再逼迫曹彰学习文化，而是培养他如何行军打仗，后来曹彰果然成为了大将军，立下累累战功。

曹操的理念就是把最大的弱点，起成名字，让孩子一直警醒，产生修正意识，同时去发挥最大的优点。所以，曹丕成了了不起的君王，曹彰成了了不起的将军，曹植成了了不起的文人。

曹　彰

而曹操本人正是了不起的君王、将军与诗人。这可能便是家族遗传的奥妙，家族教育的方法。

提到曹操的四位儿子，就不得不提他们的母亲卞夫人。母亲往往是孩子最好的老师。

卞夫人原是歌姬，后嫁给曹操。她虽然出身卑微，但精明果敢，能独当一面。在董卓乱政、曹操逃亡时，曹操的手下们见曹操失踪了，都猜测曹操已死，顿时人心惶惶，乱作一团。此时，卞夫人挺身而出，慷慨陈词，稳定了人心，直到听到曹操起兵的消息。

这便是卞夫人的风范，在教育儿子方面她也很有手段。曹丕当皇帝后，因为小心眼而报复族叔曹洪，把曹洪关进狱中。此时曹丕已是天子，这位卞皇太后自然不能再用以前的方式教育儿子。她采用"迂回政策"，对曹丕的郭皇后施压，要求她吹枕边风，救出曹洪。后来，曹洪果然得救。事情风平浪静后，卞夫人再私下里委婉地批评儿子小心眼的问题。

说了魏国，再来说说吴国。

孙坚生了四个儿子，分别起名如下：

大儿子，孙策，字伯符。策，符：掌管兵权

的意思。

二儿子,孙权,字仲谋。权,谋:权术谋略的意思。

三儿子,孙翊,字叔弼。翊,弼:辅佐协助的意思。

四儿子,孙匡,字季佐。匡,佐:辅佐协助的意思。

简而言之,孙坚的意思是,以后大儿子孙策当统帅三军,二儿子孙权当军师,三儿子、四儿

孙策、孙权像

子协助。

曹操给儿子起的名字全是缺点方向的,孙坚给儿子起的名字全是天赋方向的。大儿子孙策果然掌管兵权,是统兵打仗的好材料,率领军队横扫江东,为吴国打下基业。二儿子孙权也果然是权谋高手,制衡着三朝将领的矛盾,制衡着孙氏军阀与江东士族的矛盾,制衡着新旧士族的矛盾,一生都活在了权谋之中。三儿子孙翊协助大哥孙策,很有孙策的风范。四儿子成为与曹家联姻的牺牲品,没有得到展示才能的机会。

蜀国这边,大家较为熟知,刘备的大儿子叫刘封,二儿子叫刘禅(阿斗)。封禅,封为祭天,禅为祭地,指皇帝祭祀大典,表达了刘备想当皇帝的心思。

最后说一说袁绍。

大儿子,青州刺史袁谭,字显思。谭,思:深入思考。袁谭统帅一方,是个帅才。

二儿子,幽州刺史袁熙,字显奕。熙,奕:光明的意思。刘表曾夸赞袁熙很有气度。

三儿子,冀州刺史袁尚,字显甫。尚,甫:美男子。袁尚模样最像袁绍,是个帅哥。

外甥，并州刺史高干，字元才。高干才干过人，在北方颇有声望。

袁绍起名似乎是在描述客观事实。

复盘一下：

曹操起名，是希望儿子弥补缺点。

孙坚起名，是希望儿子发挥优点。

刘备起名，是表达想当皇帝的愿望。

袁绍起名，是在描述客观事实。

回看现代，奥巴马曾说过，上帝赐给每个人一样或多样天赋，如果每人都发挥了自己的天赋，那美国梦就实现了。

曹操挖掘出了曹丕的管理天赋、曹彰的统兵天赋、曹植的文学天赋，所以魏国梦就实现了……由此可见，因材施教，依靠家族基因、家族熏陶、家族传承，所产生的教育能量将极其强大。

重始·固本·明辨·立志

自古以来，家族传承中所有的问题其实只有一个，就是德位相配与否。如果你留给孩子1个亿的财富，他就要有守得住1个亿财富的智慧和道德，只要他智慧和道德足够，你给他留1000个亿也可以，但如果道德和智慧不够，那就是祸乱的根苗了，每个家长都要知道这件事情。

于一个国家而言，倘若没有办法让一代一代都出人才的话，所有盛世的繁华胜景一下就过去了，唯有一代一代地传承下去，才能步入真正的中华盛世，真正的长治久安。

"家族传承道与术"研习社开学时，台湾吕世浩老师开讲了世家名门传承之道。吕老师告诉我们，中国世家名门教孩子读书的方法是：当你看到书中的人面对人生重要的一刻，努力去想，如果我是他，在这一刻我会怎么做？等你想清楚了，再打开书看那个人是怎么做的。

世家名门从一开始就告诉子弟，你的人生选择比努力更重要，你要学会如何选择。由此可见，中国世家名门教育孩子，不是要孩子把书背得滚瓜烂熟，而是要孩子能够解题，能够解开人生的问题。中国世家名门千年不衰的秘密不是在于教育，而是在于教育有道。

重　始

什么叫作重始？中国传统认为教育孩子的第一步从慎选另一半的基因就开始了。另一半挑错人，胎教就是亡羊补牢而已。

《礼记》中记载，鲁哀公问孔子："天地之间什么礼最重要？"孔子说："婚礼。"鲁哀公吓了一跳说："为什么婚礼最重要？"孔子说："因为你要娶的不只是你喜欢的异性，你现在要娶的是你未来孩子的母亲，你未来孙子的祖母，娶错一个人就要影响你家三代。"

历史就是要帮助你看清你眼前看不清楚的东西，从你选择另一半的那一刻开始，所有的东西就已经注定一半了。

"君子之道，造端乎夫妇。"你挑选对象那一刻就决定了你孩子教育的起点了。

中国古代教孩子首先教的是《诗经》，其中第一首是《关雎》，开头就是："关关雎鸠，在河之洲。窈窕淑女，君子好逑。"找一个理想的淑女作为君子的好配偶，是你人生第一件大事。

所以《诗经》从《关雎》开始，就不断地让你知道"夫妇之际，人道之大伦也"，要谨慎再谨慎，小心再小心，千万不要头脑一发热，就将就过一辈子。因为你将就一辈子，往往毁的不是你自己，还要毁几代人。

固　本

中国人有句古话："望子成龙，望女成凤。"这句话是中国历史上最骗人的几句话之一。为什么最骗人？想要孩子成龙、成凤，"望"是没有用的。想要孩子好，就要教子成龙、教女成凤。

所谓的固本，就是身教重于言教。

周公是当年周朝地位最高者，在一人之下万人之上，他儿子年纪轻轻就骄傲得不得了。他把他儿子找过来，跟他说："你有什么好骄傲的？

你是周公的儿子，我还是周公本人呢，你看我骄傲过吗？我吃一顿饭，想到重要的事，饭还来不及嚼烂吞下去，就把它吐出来赶快去办事情。我有时候洗个头，都要把头发抓起来三次，赶快去办事，回来接着洗。你看看自己是这样做事情的吗？"这就是周公教儿子的方法。

每一个人在教孩子，孩子不是听你说什么，而是看你做什么。想孩子回家勤奋念书吗？很简单，请你自己回家勤奋念书，身教重于言教。你想孩子成为什么人，就要把自己先变成什么人。

明 辨

明辨什么？明辨就是要了解孩子的心性。台北"故宫博物院"有两件镇馆之宝，都是玉石雕刻，一件叫"翠玉白菜"，一件叫"肉形石"。据说工匠在看到原料时，第一件事不是雕琢它，而是放在桌上先观察它三个月。他要看这玉石到底最适合雕琢成什么，最后再将它变成那个样子。

你要孩子成为第一流的人才，就先要明辨他的心性：他到底是个什么样的孩子。

赵简子是春秋赵国的一个大夫，有五个儿子，

"翠玉白菜"和"肉形石"

他最不喜欢的儿子叫无恤，无恤的母亲是婢女，地位低微。有一天赵简子跟所有的孩子说："我藏了一块宝符在常山（今河北大茂山），谁先找到这块宝符拿回来给我，我就给他重赏。"五个儿子都知道这是爸爸准备挑继承人了，每个人都赶紧去找，结果其他人都空手而归，只有无恤将其找回来了。

无恤跟爸爸说："我已经知道宝符是什么了，我到了常山之上，发现凭常山之险攻代国，代国即可归赵国所有。"赵简子知道，继承人就是这个儿子了，于是就把他立为储君。

新时代的家长，也要去试验你孩子的心性，可以不断地让他做选择，从他每一个选择中就可以看出这个孩子的心性作为，知道他看到的世界是什么世界。所以，明辨孩子的心性是件最重要的事。你真的知道你的孩子适合干什么吗？

立 志

什么是志？以前说志是心之所主，一个人有了志以后就有了主心骨，他就知道这一辈子到底是为了什么而活了。

孔子说："三军可夺帅也，匹夫不可夺志也。"一个人一旦知道他一辈子最想完成什么事，他的力量就会随之而来，他的毅力也会随之而来。更重要的是，从那个时候开始，是他自己奋斗，父母不用逼着他、要求他，全部都是他为自己做。人一旦有了自己的志向，跟被别人逼那是两码事。无论如何，新时代的父母要让孩子立下终生的志向。

民国初年著名的女性林徽因，她的爸爸林长民是有名的教授，他从一开始就希望女儿能获得一生真正的志趣。当女儿到了十六岁都还没找到自己真正的志趣的时候，他决定带她女儿去欧洲游历一年。

即使到今天,我们到欧洲去一年,花费的金钱多不多?这是不言而喻的。他当时愿意拿出这么一大笔钱带女儿去欧洲游历,可见他是下了多么大的决心。林徽因在欧洲游历的过程中,终于奠定了她一生的志向,她发现她最有兴趣的是古建筑,她太喜欢建筑这个东西了,怎么看怎么着迷。

父母能给孩子最重要的东西,从历史上来看,常常不是金钱本身,而是两样东西:一是你能带他看到更辽阔的世界,打开眼界。你不带孩子出去看更广阔的世界,你不让他去接触第一流的人物,怎么可能打得开他的志向呢?二是帮助孩子确立终生的志向,帮他找最好的老师。什么叫好老师?中国古代好老师的两个条件是:"入门正,起点高。"入门正不带你走弯路,起点一开始就比别人高,你的孩子这一辈子再怎么低也低不到哪里去。

家人之间讲再多的理,最终都要回归到情,因为情才是一个家庭的本质。做事业的伙伴讲再多的情,最终都要回归到利,因为利才是事业的本质。

如果真的想要孩子成才，就帮助孩子找个足以影响他一生的好老师。古人就是用这种办法把孩子一步一步培养成才的。孩子是不可能凭空成才的，只有通过这种办法持续地影响他，带领他看第一流的人物、第一流的世界，这个孩子从小接触的是第一流，他就不可能再想成为第二流的人物了。

今天，我们何其有幸生逢在这个时代，国家如此富裕，民族如此强大，我们这一代最重要的使命就是如何通过好的教育和传承，把中国人真正的智慧和精华找出来，让我们中华民族能够繁荣昌盛，生生不息。

家书，精神的传承

"烽火连三月，家书抵万金。"这是唐代诗人杜甫《春望》诗中的一联，那么您又有多长时间没写家书了呢？在当今这样一个通信便捷的时代，我们还在谈论家书，会有怎样的意义？今天，当我们重写家书、重读家书，又会有什么样新的发现？

有一个成语叫"宁静致远"，这是许多大领导、大企业家追求的境界。这句话之所以出名，是因为出自诸葛亮的家书之中："非淡泊无以明志，非宁静无以致远"。诸葛亮是我国家喻户晓的人物，是智慧的化身。那么他的家书里，又包含了怎样的智慧呢？

我们先来看诸葛亮的《诫子书》中的一段：

> 夫君子之行，静以修身，俭以养德。非

诸葛亮

淡泊无以明志,非宁静无以致远。夫学须静也,才须学也,非学无以广才,非志无以成学。淫慢则不能励精,险躁则不能冶性。年与时驰,意与日去,遂成枯落。多不接世,悲守穷庐,将复何及!

诸葛亮告诫儿子,要成为君子,需要以宁静来提高修养,以节俭来培养品德。只有静心才能认真学习,有志向才会有成就。诸葛亮认为要宁静,要节俭,要学习,要有志向,所以"宁静致远"代表了诸葛亮培养子女的一套流程:通过宁静、节俭来培养心性，有了心性后才能好好学习。通过学习了解世界，了解自己。了解之后，因地制宜地为自己设立一个志向，然后一生为此志向而奋斗。

诸葛亮的这套培养子女的流程，放在今天依然是有实际意义的。许多少年无法好好学习，就是因为受到外界的干扰、诱惑太多，无法宁静。许多成人无法成功，是因为没有志向，并不知道自己需要为之奋斗的目标是什么。还有许多人一生迷茫，是因为对世界和自己的认知都不够准确，理想脱离现实，或不适合自己。

古人的智慧，诚不我欺。不光是诸葛亮，刘

刘 备

备也留下过具备指导性的家书。

公元223年,六十三岁的刘备在临死前给儿子写下了这么一段话:

> 朕初疾但下痢耳,后转杂他病,殆不自济。人五十不称夭,年已六十有余,何所复恨,不复自伤,但以卿兄弟为念。射君到,说丞相叹卿智量,甚大增修,过于所望,审能如此,吾复何忧!勉之,勉之!勿以恶小而为之,勿以善小而不为。惟贤惟德,能服于人。汝父德薄,勿效之。可读《汉书》《礼记》,闲暇历观诸子及《六韬》《商君书》,益人意智。闻丞相为写《申》《韩》《管子》《六韬》一通已毕,未送,道亡,可自更求闻达。

诸葛亮是臣子,他的家书,是教育儿子如何成为一名有用的人,成为合格的臣子。刘备是帝王,其所写,是教育儿子如何成为一名合格的领导:唯有贤德才能服众。用今天的话说,就是唯有多做好事,少做坏事,才能服众。

可惜阿斗当时只有十六岁，刘备死后，阿斗缺乏父亲的管教，没有成为明君。不像曹操的儿子曹丕成为了合格的君王，曹操的另外两个儿子曹彰、曹植也都在自己的领域做出成就。那曹操的家书又是什么样的呢？

曹操在《诸儿令》中这样写道：

> 今寿春、汉中、长安，先欲使一儿各往督领之，欲择慈孝不违吾令儿，亦未知用谁也。儿虽小时见爱，而长大能善，必用之。吾非二言也，不但不私臣吏，儿子亦不欲有所私。

曹 操

曹操说，我要选择慈孝的、听我话的儿子，去镇守一方。我选拔官员的时候不徇私，很公平公正，选拔儿子也是一样。

除此之外，在公元213年曹操外出征讨孙权之前，还给曹植写了封信说："吾昔为顿丘令，年二十三，思此时所行，无悔于今。今汝年亦二十三矣，可不勉欤！"（《戒子植》）

从字面意思来理解，曹操说：我二十三岁的时候，当了顿丘令，回想那时的行为，我没有后悔，现在你（曹植）也已经二十三岁了，你加油努力啊！

许多人对这段话的理解是，曹操是在炫耀，他二十三岁的时候已经凭借自己的努力，成为了县令，希望曹植也能像他一样。

我认为，曹操并不是这个意思。曹操从小生活在京城贵族圈，与袁绍、袁术、张邈称兄道弟，二十三岁成为顿丘县令不仅不是荣耀，相反是一种耻辱。

曹操之前的官职是洛阳北部尉，相当于首都北城的警察局局长，当时宦官专权，残害士大夫，曹操不畏强权，处决了有罪的大宦官蹇硕的叔叔，宦官们碍于曹操背后的士大夫家族势力，没杀曹操，而是把他踢出京城，弄到顿丘县当县令。

所以曹操想表达的是：我二十三岁那年，不畏强权，处决恶人，沦落为顿丘县令，回想那时的行为，我一点都不后悔，我为我当年的骨气而骄傲。曹植啊，你也二十三岁了，咋没我这种骨气和胆识啊，你要加油啊！

曹操说完这些话，就去打孙权了，孙权比曹植大十岁，但在曹操看来，也还是个孩子。但孙权这孩子胆识过人，敢带着少量战船亲自去窥视曹操水寨，曹操不禁赞叹："生子当如孙仲谋！"

提到孙权，那孙权留下过什么重要的家书吗？

有的，是一封《让孙皎书》。这封信不是写给儿子，而是写给堂兄弟的：

> 自吾与北方为敌，中间十年，初时相持年小，今者且三十矣。孔子言"三十而立"，非但谓五经也。授卿以精兵，委卿以大任，

孙权

都护诸将于千里之外，欲使如楚任昭奚恤，扬威于北境，非徒相使逞私志而已。近闻卿与甘兴霸饮，因酒发作，侵陵其人，其人求属吕蒙督中。此人虽粗豪，有不如人意时，然其较略大丈夫也。吾亲之者，非私之也。吾亲爱之，卿疏憎之；卿所为每与吾违，其可久乎？夫居敬而行简，可以临民；爱人多容，可以得众。二者尚不能知，安可董督在远，御寇济难乎？卿行长大，特受重任，上有远方瞻望之视，下有部曲朝夕从事，何可恣意有盛怒邪？人谁无过，贵其能改，宜追前愆，深自咎责。今故烦诸葛子瑜重宣吾意。

临书摧怆，心悲泪下。

孙权的堂兄弟叫孙皎，是个将军，他因为小事与东吴名将甘宁争吵负气，孙权听说后便写了这么一封家书，教导孙皎待人以敬，宽容大度。其中"人谁无过，贵其能改"已成名言。

也许有人会说，明明是孙权的大将甘宁欺负人，凭什么要让孙权的堂兄弟大度？最讨厌这种劝人大度的人。

其实，这信恰恰表达了孙权的大度。这要讲一下孙皎和孙权之间的微妙关系。

孙权的爷爷生了三个儿子，老大孙羌、老二孙坚、老三孙静。其中老二孙坚生了孙策、孙权。老三孙静生了孙暠、孙瑜、孙皎、孙奂、孙谦。

在孙策死后，孙权要接位的时候，老三家的孙暠竟然举兵造反，后来失败。按道理孙权应该清理老三一家，但大度的孙权并没有这种做，反而先后把孙暠的四个亲弟弟都封为将军，委以重任，重任到什么程度呢？孙瑜成为周瑜的副手。孙皎成为吕蒙的副手。

孙权如此的大度，堂兄弟们也并没有辜负他，尤其是孙皎。

公元219年，关羽攻击樊城的曹军曹仁，孙权决定偷袭关羽，也就是白衣渡江，孙权让吕蒙为正职，孙皎为副职。吕蒙表示反对，认为指挥官只能有一个，孙权便改让孙皎负责后勤保障，供应粮草。孙皎此时变得大度，没有计较，而是做好了后勤，有效地协助吕蒙，最终吕蒙偷袭成功，关羽走麦城而死。

这便是孙权关于"大度"的传承。巧合的是，与此同时，曹操的儿子曹丕、曹植、曹彰也都得到了独当一面的机会，上文曹操的《诸儿令》里说"先欲使一儿各往督领之"，也在此时兑现了承诺。

曹操的家书，体现了公平，只要是慈孝听话的孩子，都会得到机会，曹植没有把握住机会，曹丕、曹彰都把握住了。

孙权的家书，体现了大度，他大度地对待了堂兄弟一家，堂兄弟们也学会了大度，不争功、不争官，以国事为重。

刘备的家书，体现了贤德，可惜刘备死得早，无法教导阿斗，阿斗没有做到贤德。

诸葛亮的家书，体现了格局，宁静致远，与刘备一样，也因为诸葛亮早亡，他的儿子诸葛瞻缺失教育，也没有做到宁静致远。

家书是最深的爱，最美的"书"，体现了家中的骨肉亲情，也是一种思想的延续，是告诫子孙要怎样活着，要做什么样的人，是一种精神的传承。

现代社会也是一样，需要为家族立言、立书，你的人生传记，你的创业史，就是对子孙最好的告诫，这就是对爱、对精神最好的传承。

虽然我们没有像曹操、刘备一样伟大的事业，但家族的精神传承是一样的，也需要用文字记录下来，代代相传，成为家族后人最宝贵的精神财富。

曾文正公的家书

曾国藩出身农家子弟,最终却成为中国历史上最有影响力的人物之一。他进入仕途后十年七迁,连升十级,被封为一等毅勇侯,成为整个清朝以一介文人而封武侯的第一人,并在晚清恶劣、剧变的政治环境中全身而退,去世之时获得清廷国葬的最高优待,还让子子孙孙都能获福。

纵观曾国藩一生经历,他有个好习惯就是写家书。据说曾国藩仅在1861年就写了不下253封家书,通过写家书不断训导教育弟弟和子女。在曾国藩的言传身教之下,曾家后人人才辈出。

曾国藩说:"学问之道无穷,而总以有恒为主。"这是他写给弟弟们信中的话,意思是说:我这个老大,不如你们那么聪明,但是我悟到了最重要的道理:聪明不可依靠,人但有恒,事无不成。

曾国藩

曾国藩就是一个特别有恒心的人。他以前受他父亲的影响，有十五年的抽烟史。他在湖南老家读书的时候，涟滨书院的刘元堂山长发现他抽土烟，就痛斥他说："你改不了这个恶习，算我当老师的看走眼，你这辈子一事无成。"

曾国藩特别敬重这位刘元堂山长，于是他就痛下决心要戒烟，戒了多久呢？戒了十一年，戒了又破，破了又戒，一次比一次动静大，要戒烟的时候，他就把所有朋友都叫到一起，搞个"新闻发布会"，戒了两天又破了，再过几天又要戒烟了，当众把烟具、烟叶都烧了，搞个小型版的"虎门销烟"。过不了多久又破了，那就是"无恒"啊！

曾国藩三十二岁那天，刚好湖南老家有人来，知道他喜欢抽烟，给他带来了上好的烟叶。这天晚上，曾国藩在书房里，对着精美的烟具和上好的烟叶看了半晌，那个架势又要抽烟了，却不料他一个人悄悄地拿把榔头把烟具砸了，把烟叶倒了，然后回到房间静心屏气，写了一篇著名的文章，叫《日课十二条》，一旦写下，此后三十年严格执行。

我们觉得这个好像是顿悟，其实这个就是点滴的执行，知行合一。真正的"恒"是什么？就是知行合一。他就一路做下去了，并要求所有的弟弟们：你们也要从身边的每一件小事情做起，培养恒心，培养毅力。所以，这封家书的主题词就是"恒"，给兄弟们论"恒"。

曾国藩的其他家书里面，又表现了他什么样的为人处世的哲学呢？有很重要的一条就是他的治家理念：和可消人怨，家和万事兴。这跟我们中国人的传统观念一样，家国同构，即治理家庭和治理国家是一个道理。他治理家庭的理念，正如在家书里所说：

> 夫家和则福自生，若一家之中兄有言，弟无不从，弟有请，兄无不应，和气蒸蒸而家不兴者，未之有也。

曾国藩最大的弟弟比他小九岁，最小的弟弟比他小十九岁，长兄为父，所以曾国藩一直管着弟弟们。曾国藩年轻的时候脾气不好，几个弟弟都很怕他，弟弟长大后变得逆反，有时候会和他吵架，曾国藩后来就反思，也就是三十二岁戒烟之后，他的境界就不一样了，在劝导弟弟的时候，再也不是动不动就喝骂一顿，而是苦口婆心地聊天谈心。

曾家的子弟可真了不得，除了老二曾国潢在老家没有出来，其他几位兄弟都成为了湘军名将。

曾国藩有个女婿叫袁榆生，家教就不如曾家好，有很多恶习，包括吃喝嫖赌，那么老丈人能管得了这个女婿吗？问题是女儿嫁出去不住在自己家，后来曾国藩没有办法，只有把女儿女婿都接回家里住。

一开始，袁榆生还比较收敛，但是本性难移，渐渐恶习又出来了，所以曾家上上下下都看不起这个女婿，包括仆人都看不起。这个老爹在外头带兵打仗，专门为此写了封信给他大儿子曾纪泽，当时曾纪泽已经主管家事了。曾国藩写信让他严格约束家中所有人，包括奴仆，不许对这个女婿目光里流露出什么东西。目光里会流露出什么东西呢？那当然是鄙视、看不起。

曾国藩为什么要这样要求呢？他说了一个道理：人成长在良性的环境里，才会有良性的发展，人成长在不良的环境里，他就会不由自主地激发出身体的负能量，即所谓近朱者赤，近墨者黑。

结果如何呢？虽然曾国藩的理念是对的，但这个女婿还是恶习不改。于是曾国藩就又写了封信，信中对曾纪泽说："你把袁榆生给我送到军营里来，我亲自来教，我还不信教不了他。"

袁榆生被带到了军营里，曾国藩亲自教他，还给他派了活儿干，但这个女婿居然私吞公款去赌博，所以曾国藩后来大发感慨：从小成长起来的家庭环境非常重要，因为习性一旦养成，你要改真的是要有大恒心、大毅力的，一般人真的很难做到。

曾国藩年轻时期在京城为官，生活相当拮据，几乎每月都要靠借贷度日。如果说渴望金钱是因为"穷怕了",那么曾国藩在此之后带兵不要钱、做了清朝顶层官僚不要钱,则可称为"穷惯了"。

如果说京官并无发财渠道,曾国藩苦守清廉并无考验的话,那么带兵后管理大量军饷,他依旧生活拮据,这大可说明曾国藩是如何简朴至极。

据记载,他的夫人每月只有四千铜钱,折合银子也就是二两,儿媳有一两。这点钱对于一位总督夫人来说实在太少了。在子女方面,他甚至要求不许穿着华丽。有一次看见女儿曾纪芬穿着一条彩色绸裤,曾国藩命令她立即换掉。

除此之外,曾国藩给家里的妇人和女儿制定了一个雷打不动的"日程表"。他的日程表是这样的:早饭后,做小菜点心酒酱之类,食事。巳午刻,纺花或绩麻,衣事。中饭后,做针刺绣之类,细工。酉刻,做男鞋女鞋或缝衣,粗工。曾国藩对这"日程表"非常重视,并且还要定期进行检查。曾氏家风之淳厚于此可见一斑。他认为,家人妇女于"衣""食""粗""细"四字缺一不可。

曾国藩曾经在家书中说:"凡世家子弟,衣食起居,无一不与寒士相同,庶几可以成大器。若沾染富贵气习，则难望有成。"他还总结说："世家子弟最易犯'奢'字、'傲'字，不必锦衣玉食而后谓之奢也。"

曾国藩家书在当时号称天下第一，一是因为他是活着的时候就把家书刊行出来，也就是说"事无不可对人言"；二是那个时代战火纷飞，朝不保夕，很多人写家书是通报信息，不得不写，但曾国藩却把家书当成一个教育的载体，如此用心地写家书也是前无古人。

就像《复仇者联盟1》中，科尔森特工在飞船上对冰封了70年的美国队长讲的那样，"我们需要一些传统的东西"。这些东西可能不会让你一夜暴富，但是会让别人觉得你比以前更靠谱了一点。

品读曾公家书，受益良多。曾公做人做事之道，集中体现在家书中，我们有空的时候，都不妨去细读一下，一定会大有收益。

父爱深沉

古代社会，好男儿是要读万卷书行万里路的，出去后和家人的联系，主要就是靠家书。

走进近代社会，有这样一个传奇家族，一门三院士，九子皆才俊，那就是梁启超家族。这个家族如此兴盛的奥秘是什么呢？这都和梁启超先生经常和子女们写家书有关！

梁启超一生都将晚清中兴名臣曾国藩视作偶像，他既称赞曾国藩是"有史以来不一二睹之大人"，又说自己天天都要读《曾国藩全集》："吾谓曾文正集，不可不日三复也。"正是由于深受曾国藩思想的影响，所以梁启超为人处世、持家教子的很多理念，也是向曾国藩学习借鉴。梁启超的家书，将他的人生观、价值观、治学观也完全体现了出来。

梁启超是生动有趣的父亲

梁启超总共有九个孩子，他很喜欢给孩子们起外号：他三女儿叫梁思懿，他经常叫她司马懿；大女儿思顺，他就叫她大宝贝，有时也叫她思顺宝贝；小儿子叫梁思礼，他就叫他小宝贝，有时也叫他老baby。所以他这个父亲，很生动很有趣。他当时给这些孩子们写家信，是因为孩子们

梁启超像

大多在外地求学读书。

1928年，梁启超在给女儿梁思庄的一封信中说："庄庄今年考试，纵使不及格，也不要紧。"不及格都不要紧，想想我们的孩子考个95分回来，做父母的拿到卷子一看，成绩不错，但是一问班上如果还有考99分的，就会问孩子怎么没有考到99分。你看人家梁启超却说："纵使不及格，也不要紧，千万别着急，你们兄妹个个都能勤学向上，我对于你们的功课绝对不责备，却是因为考试突击，熬夜感冒生病了，我这个做父亲的反倒不放心。"

梁启超为什么这么说？因为一开始他曾经劝梁思庄去学生物学，结果梁思庄不喜欢，他就写信给梁思庄说："我只是给你推荐，你可以换你喜欢的学科。"

可见，这个父亲是和孩子们商量着来的，商量的过程中，梁启超是引导孩子们的向学之心，求学之志。只要孩子们立下了学习的志向，家长就不用担心他的成绩，成绩一定不会差的，就算成绩差，孩子将来的成就也一定是不会差的。

一门三院士，九子皆龙凤

梁启超的九个孩子，个个都是顶尖的人才。一门三院士，九子皆龙凤。

让我们看一下梁家的人才：梁思成，建筑学家；梁思永，我们之所以能够见到甲骨文，就是得益于梁思永先生，殷墟考古的发现，为当今的学者提供了无穷尽的便利；梁思礼，是最小的儿子，就是叫"老 baby"的那个孩子，是中国的导弹专家。梁家一门三院士，这是在中国一百年来，任何一个家族都比不上他们的。

此外，梁启超还有个儿子叫梁思忠，他上过弗吉尼亚军事学校和西点军校，是个军事天才，二十出头就担任了炮兵上校。梁思忠在淞沪会战中大展神威，淞沪会战撤离的时候，因为非常混

梁启超的儿子

梁思成：建筑学家，民国时期中研院院士
梁思永：考古学家，民国时期中研院院士
梁思礼：火箭控制系统专家，中科院院士

> **梁启超的女儿**
> 梁思顺：诗词研究专家，梁启超长女。
> 梁思庄：著名图书馆专家，梁启超次女。
> 梁思懿：著名社会活动家，梁启超第三女。

乱，他喝了路边的脏水，得了腹膜炎，二十五岁便去世了。

我们再看看梁启超先生的女儿们：长女梁思顺，是诗词研究专家，成为了中央文史馆馆员；梁思庄，我们刚才提到的，原来是学生物学的，因为那个时候中国生物学方面缺乏人才，所以梁启超才一开始让女儿学习生物学。她后来改学图书馆学，最终成为我国著名的图书馆学家。

这么一看，梁启超先生并不是为自己家族培养人才，而是站在一个国家的角度，国家需要什么样的人才就让孩子去填补，带着一种家国情怀，甚至把自己的孩子派向了战场！

家国情怀，责任担当

中国人，家就是国，国就是家，所以在书信

当中，我们看到了梁启超并不是一个唯成绩至上的父亲，他更关注于孩子的成长健康。那么他对孩子的成绩要求，在书信当中从来就没有提过吗？

梁启超先生写给大女儿梁思顺的信中曾说：眼前的成绩不是最重要的，尽责尽力就是第一等人物，天下事业无所谓大小，"只要在自己责任内，尽自己力量做去，便是第一等人物"。也就是说，做什么事都行，但做一件事，就应该将其做好，做充分。譬如，列文虎克，他就喜欢磨镜片，看上去没有什么大志向，只是阿姆斯特丹市政厅的看门人，但是他磨镜片磨得好，最后磨出了人类最早的显微镜，人类由此看到了一个微生物的世界，这难道不是天下第一等人物吗？

梁启超先生平生最服膺曾文正公的两句话："莫问收获，但问耕耘。""将来成就如何，现在想他做甚？着急他做甚？"这也是梁启超先生给子女的信中说的话。

郭德纲和孩子谈论这个世界

"登天难，求人更难。"

"江湖险，人心更险。"

"春冰薄，人情更薄。"

"黄连苦，无钱更苦。"

在儿子郭麒麟十八岁的那年，郭德纲用一封家书的形式把他自己眼中的生活真相告诉了儿子。郭德纲的这封家书与大部分家长的循循善诱不同，曾在网络上引发热议。

当别人都在教导孩子"学会信任"时，他却说："有人夸你，别信。有人骂你，别听。"

当别人都在劝告孩子"自尊自爱"时，他却说："很多人不成功的原因，主要是太尊重自己了。"

当别人都在支持孩子"相信自己"时，他却说："你眼里的自己和别人眼里的你，是不一样的。"

来自网络的评论主要有两派：有人说"负能量"太多，这是要把孩子往"市侩"方向培养啊！有人说，这不就是亲爸该干的事儿吗？掏心掏肺，有话直说。家里都听不到真话，难道指着外人掰开揉碎地讲给你听？

其实，大家大可不必过度为郭德纲的儿子担心，我们静下来想一想：一个孩子的价值观，岂是一封家书能够改变的？每个孩子的三观，都是十几年二十来年耳濡目染了家长的一言一行，再加上自己在学校和社会上的体会一点一点形成的。

郭德纲选择在儿子成年的时候，用家书的形式来与他沟通，这是值得我们去学习的。这封家书应该会被郭麒麟珍藏一生。

毛不易书写父爱深沉

音乐才子毛不易，他在《像我这样的人》的歌曲中描述了自己的经历，表达了自己的心声，人们是通过这首歌来认识毛不易的，是通过这首歌了解到一个"90后"男子的深沉内心。

2019年，毛不易受邀参加"一封家书"的活动，他选择了给自己觉得有一定距离感的父亲写信。整封信中所透露出的对父亲的那种深沉的爱意，让人心暖，接下来我就跟大家分享几段。

> 您和母亲将近四十的时候才有了我，而在我小的时候，正值打拼事业年纪的您总是有很多身不由己。那个时候我们见面的机会

很少，常常是我睡了以后您才回家。

后来我从学校毕业，参加了比赛，这件事我没有第一时间告诉您，您当时一定有疑惑：为什么这么大的事情，我却没有及时地跟您沟通。其实很多时候不是我不愿意跟您分享自己的生活，而是在没有取得任何成绩的时候，我不想让您和我一起承担有可能会失望的后果。

虽然当时您不能时刻地陪在我的身边，但您为我提供了很好的生活，为我树立了人格的榜样，而这些事对一个孩子的重要性，从来也不低于陪伴。

那些可以一起把酒言欢的父子关系固然值得羡慕，但如果您本身就是一位深沉内敛的父亲，对我而言也别无二致。

所有的父亲都是平凡的，不管是千古帝王还是一介平民，他们对于子女的情感都是一样的沉甸甸。作为子女，也许在小时候不能理解父亲的严厉，但随着时间的推移，渐渐长大，就会明白父亲当时的用心。

曾经有这样一种说法，即中国传统的父子关系永远有三个词难以启齿：第一个是"我爱你"，第二个是"对不起"，第三个是"我错了"。

曾几何时，我们给父亲打个电话，拿起手机，却又默默地放下了。中国式父子之间的深沉，让人唏嘘，却又让人深思。

此刻，如果你回忆起童年时期父亲的温情，就提起笔来重拾起被刻意抛弃的美好亲情和父子天伦吧！

《孝经》中的"五等之孝"

"孝"是中国社会维系家庭关系的道德准则。《孝经》则是儒家经典著作之一。《孝经》告诉我们:中国古代社会是有一套森严的等级制度的,每个等级都有各自不同的权利和义务,不得跨越等级而行使其他等级的权利。社会等级越高,责任越大,职责也越多,如天子代天行事,也必须尊敬天地,教化民众,而庶人只需谨言慎行,赡养父母。

《孝经》中的社会各阶层的"孝"

中国古代,不同阶级有着不同的"孝",所谓的"五等之孝"是指《孝经》对于天子、诸侯、卿大夫、士、庶人的行孝事亲,分别提出不同的要求和相应的规范。

《孝经》将天子之孝列为五孝之首,何谓"天子之孝"呢?

> 爱亲者,不敢恶于人。敬亲者,不敢慢于人。爱敬尽于事亲,而德教加于百姓,刑于四海。盖天子之孝也。(《孝经·天子章》)

可见,天子行"博爱广敬"之道,这样其德行就会教化黎民百姓,使天下的百姓纷纷遵从效法。"天子"之"孝",首先要祭祀自己的宗庙,孝顺自己的父母,为天下人做一个"孝子"的模范;其次要做到公平公正,对天下人不偏不倚,一视同仁;再次要教导人民尽孝,做好自己身为"天子"的责任。

诸侯是"一人之下,万人之上"的政治领袖,地位仅次于天子,管理一方百姓,是最容易与中央政权相抗衡、篡位造反的政治力量,他们要做到的"孝"是尽自己的本分:

> 在上不骄,高而不危。制节谨度,满而不溢。高而不危,所以长守贵也。满而不溢,所以长守富也。富贵不离其身,然后能

保其社稷,而和其民人。盖诸侯之孝也。(《孝经·诸侯章》)

可见,"在上不骄"和"制节谨度"的作风是诸侯当行的孝道,诸侯应该在政治上不去威胁天子的统治,在经济上不去挑战天子的富裕,遵从天子的领导,这样才能长守"富""贵"。

卿大夫是天子或诸侯的辅佐官员,他们是决定政策的集团、全国行政的枢纽,地位颇高。卿大夫作为政府的中坚力量,将天子或诸侯之意下达人民,将人民之情上传,是沟通天子、诸侯和人民的主要媒介。

非先王之法服不敢服,非先王之法言不敢道,非先王之德行不敢行。是故非法不言,非道不行;口无择言,身无择行;言满天下无口过,行满天下无怨恶。三者备矣,然后能守其宗庙。盖卿大夫之孝也。(《孝经·卿大夫章》)

可见,卿大夫的孝道,就是必须遵从圣明君

主的法则,在衣饰、语言、行为上都要严格要求自己,给人民做好遵守礼法的表率,使社会在礼法的准则下正常运作。

士是指基层官员,听命于卿大夫,在行政机构中人数最为庞大,与老百姓的关系也最为密切。

> 资于事父以事母,而爱同;资于事父以事君,而敬同。故父母取其爱,而君取其敬,兼之者,父也。故以孝事君则忠,以敬事长则顺。忠顺不失,以事其上,然后能保其禄位,而守其祭祀。盖士之孝也。(《孝经·士章》)

可见,士人之孝,就是要做到"爱""敬""忠""顺"四个大字。应该对母亲用爱心;对国君要尊敬、顺从、忠心;对父亲要爱心、尊敬、顺从兼而有之;对同事中的年长位高者要恭顺。简言之,尽忠职守,尊敬长上。

庶人是社会的最底层,庶人之孝是针对一般老百姓说的:

用天之道，分地之利。谨身节用，以养父母，此庶人之孝也。(《孝经·庶人章》)

可见，庶人之孝，只需要做到利用自然季节的变化规律，分清楚田地的高下优劣，做好田地农桑之事，在生活上勤俭节约，在行为上谨言慎行，利用自己的劳动成果养活父母，使父母在失去劳动能力后依然能够生活。

《孝经》对新时代的启示

刚刚分享了传统的"五等之孝"，很明显，它具有不平等性。而新时代的亲子关系及一切人际关系的基础是人格平等，这是建立新孝道的基石。

如果认为子女仅是父母的私有财产，父母可以对子女拥有一切权利，这种观点是错误的。同样上级对下级也不能拥有绝对的生杀大权，那在现代社会也是绝对行不通的。

那么，新时代下我们应该如何去诠释孝呢？

中国传统教孩子写字一般是六岁，中国传统世家教孩子的第一个字是"孝"，为什么是孝？中国教育的"教"旁边是什么字？是不是"孝"？所以中国教育的核心是"孝"。

什么叫作孝?《孝经》说:"夫孝,德之本也。"也就是说,孝是所有道德良知的根本,所有的教育,要从孝开始。

"身体发肤,受之父母,不敢毁伤,孝之始也。"教育孩子的第一步要告诉他,保护自己的安全。所以自己的身体不受伤就是孝顺的首要事情。

"立身行道,扬名于后世,以显父母,孝之终也。"养儿最大的希望就是他有一天能够自立,能够对这个世界有所贡献。当你成为一个对社会有贡献的人,这就是对父母的最好回报。

什么是责任感?"无忝所生",忝就是羞辱,不要让生你的人因为你的所作所为蒙上羞辱,每一刻都要把你们的父母放在心里面。

《诗经·大雅·文王》告诉我们:"无念尔祖,聿修厥德。永言配命,自求多福。"不要忘记你自己的祖先,好好的修养你自己的道德。一辈子都要记得的话就是:自求多福。

孝是大义,不是仅仅针对一家一人,不是一私一我,而是经纶世务,修身齐家。反思今人之孝,是为能养,甚至都不能养,对比古时候真正的"孝"行，真是狭隘到无知，自私于无极矣。我们应该时常追问自己的来源，感受到自己的渺小，不仅要感恩天地神明的恩赐，还要延续祖先的美德，使家族更有凝聚力。

四大家族的家风传承

家风,虽不可见却有千钧之力。

"解落三秋叶,能开二月花。过江千尺浪,入竹万竿斜。"你虽看不见风,却必然能感受风的力量。中国是古老的文化大国,不管你在哪里,总有一种牵引的力量在你的内心深深扎根,这就是"家风"的力量。

如同一个人有气质、一个国家有性格一样,一个家庭在长期的延续过程中,会形成自己独特的性格和风貌。这样一种看不见的精神风貌,摸不着的风尚习气,以一种隐性的形态,存在于特定家庭的日常生活之中,家庭成员的一举手、一投足,无不体现出这样一种习性,这就是"家风"的影响。

一门好家风,胜过万千名校。一个人身上的气质不是凭空而来,很大程度是取决于小时候的家风传承。世家名门的家风虽然各有不同，但有一些核心原则是共同的，那就是"慎""让""俭""学"。

慎，是一种内心的态度，谨慎处世，凡事多思考，不莽撞，谦卑做人，低调做事。

让，是一种外在的表现，是在行为中主动收敛，不去锋芒毕露地触碰任何人。

俭，除了"一粥一饭当思来之不易"，更重要的是俭言语、俭交友、俭嗜欲。

学，是中华文化的精义，学习知识，打磨自己，提高自己的文化素养。

我发现一个特别有意思的现象，近百年中，走出家乡的人越来越多了，有人离开出生地，去外地打拼，有人离开自己的祖国，赴国外谋生，但随着通信的方便与交通的便捷，人们对家的依恋反倒越来越迫切。同时近年来，越来越多的人开始重视对孩子的传统文化教育。人们对于自己的姓氏、辈分、家族文化的追问，远远超过前几代人。

中国人活在这个世界上，都以自己或家人为起点，游走世界，往而有返。特别是漂泊异乡的人们，更需要家的归宿和认同。当我们"回家"时，是不是都会扪心自问：家风是什么？祖训在哪里？家里还有什么东西？能不能对我当下的生活有一种关照？

下面我带大家去看看中国四个大家族的家风家训。

孔氏家风

孔家号称"天下第一家"，受到历代王朝的推崇，家族谱系最完整，管理最到位，传承最有序。孔氏族人大多秉承了孔子遗风，力求做仁人志士。

孔子开创的儒家学说，为中国人确立了"格物、致知、诚意、正心、修身、齐家、治国、平天下"的做人标准。

孔子作为士族的

孔子像

代表,他的责任是辅佐君王。如果不能修身养性,学习系统的文化知识,确实是不知道如何为官说话的;如果不能守规矩、讲礼仪,确实是无法入世立足的。因此,他以这样的家风确立了孔氏家族的定位。

虽然儿子英年早逝,但是孙子子思"世不废业",继承并发展了孔子学说,再传于孟子。自此,中国人遵从孔孟之道传承延绵。

在接下来的2000多年里,孔家世代赓续,都秉承着诗礼传家的风气,辈辈出圣贤,代代有精英,诸如孔融、孔尚任等。

曾氏家风

晚清四大名臣之首曾国藩,创立湘军,平定太平天国起义。毛泽东说:"愚于近人,独服曾文正。"纵观曾国藩的一生,出身农民世家,县试七次才以榜上倒数第二的成绩考上了秀才。他说"余性愚钝",却成为晚清一代鸿儒,是依靠什么走上成功之路的呢?曾国藩将自己治学、为官的人生经验,融入"半耕半读"的家风中,概括为八个字,指导自己,教化子弟。具体的要求分别是：书（勤读书）、蔬（种蔬菜）、鱼（养鱼）、猪（喂猪）、早（早起）、扫（打扫）、考（祭祀）、宝（善待亲族邻里）。由此，形成了曾氏完整的治家理论体系。家风富厚和勤俭是曾家打不破的家规。曾家后裔在各个领域都颇有建树，人才辈出，与耕读传家的文化有着极其密切的联系。

钱氏家风

吴越钱氏是一个延绵千年未曾中断，且代代有人杰的典范。由钱镠开创的吴越国，祖孙五代为钱王，他们重视文化和教育，为富庶江南、"人间天堂"奠定了基础。后来主动归顺中原，和平纳入了宋朝的版图。

宋代，钱氏文人群，驰骋宋代文坛，入仕内阁者也有近百人。宋朝皇帝赞誉："忠孝盛大唯钱氏一族。"明代，钱士开、钱谦益均是文坛巨擘。清朝，进士钱大昕被陈寅恪誉为"清代史家第一人"。

到了近代，钱家人才更呈"井喷"式增长，成就突出，院士级的学者就有一百多人。科技界有钱三强、钱学森、钱伟长的"三钱"佳话，诺

钱镠像

贝尔化学奖得主钱永健,国学大师钱穆、钱锺书等,太多的名字彪炳史册,如雷贯耳。

后代研究者试图从历史中寻找钱家成才的秘密。

先祖钱镠,虽布衣出身,位列王侯,但他非常重视子女的教育,他知道家族精神的传承是打破"富不过三代"的秘诀,所以他辞世前留下许多遗训，后人把他的言行记录整理成《钱氏家训》，从而奠定了钱氏家风的基石。

> 利在一身勿谋也，利在天下必谋之；利在一时不谋也，利在万世必谋之。心术不可得罪于天地，言行不可有愧于圣贤。子孙虽愚，诗书必读，勤俭为本，忠厚传家，乃能长久。

钱氏家族每有新生儿诞生，就要全家人一起恭读《家训》。钱伟长先生曾说：有家风家训的指引，家庭教育有方，故后代得益很大。

荣氏家风

中国古代文化"轻财重仕"，家风家训往往从读书人的角度出发。到了近现代，家族财富的传承开始为人所关注，例如荣氏家族。

荣家祖上也曾家世显赫，后来迁居无锡。

荣氏早年的家训：耕读为业，潜德勿曜，不走仕途。

太平天国起事期间，荣家一门几乎灭绝，此

后一改家风，开始生发壮大。

1902年，荣宗敬、荣德生投资的面粉厂在梁溪河畔开业。两兄弟一个雷厉风行，一个慎思稳健，互为助益，使得荣氏家业在激进与保守之间迅猛扩张。从晚清到北洋政府，从北伐到国民政府，以及之后的日本侵华战争，这个掌握中国近一半财富的家族虽风雨飘摇，却以顽强的生命力生存下来。

荣德生感慨：办实业，不靠官场、不依赖乡绅就一事无成。

中华人民共和国成立后，荣家三代荣毅仁开始从"家国"立场来重新定义自己的"商人"身份，被称为"红色资本家首户"。他向邓小平提出吸引外资、兴办实业的建议，这也是中信公司的由来。荣毅仁后当选后国家副主席。荣家百年，至此达到极致。

纵观荣家几代人，都是极为传统与现代的。他们节俭勤勉、坚忍不拔，对财富嗅觉敏锐并执着渴求。现在荣家的后人大多旅居海外，延续家族的商业辉煌。

新时代重建家风

在数字时代的今天,我们看到很多新生代的父母对孩子们的教育,完全是跟着社会风气和流行的东西走,或者只关心学习成绩,这样的教育非常盲目。

家风家训在今天仍然值得我们去传承,值得我们去创新,值得我们去重建。它带给我们的是一种厚重的底色,因为它可以满足家人内心情感的需要,唤起后代何以立身的人生认同感,从而拥有一种更加积极、开放、健康的家庭生活。

参天之树必有其根,万里江河必有其源。大家族不是随随便便形成的。

与其说学习如何做家长,不如说在形成新家庭秩序的过程中,与伴侣、孩子一起重新开始一种人生。而整理家风家训的过程,就是让你拥有独立的思考和判断,这样你跟家人交流时才会更加清晰,不随波逐流。当你整理完了自己的家风,也就完成了对自己家族的洗礼,也就知道你的家庭需要怎样的文化,内心的归属和安宁到底在何方。

深闺蕴藏斯文底色

我的爸爸，作为张家四姐妹外婆家百年冬荣园的第四代后人，这些年也备受媒体关注，越来越多的人希望为百年斯文永续的合肥"张家四姐妹"找到更多的外延与佳话。

奶奶故居冬荣园修复前

论根脉血统的纯正性,从小学昆曲、"四书五经"不在话下的清末名将后代张氏四姐妹是原装正版的被国学浸泡得彻彻底底的中国式才女,这样带着泥土芬芳的花朵反而叫人觉得新奇。

作家王道先生曾经为张家写过一本书,书名是《流动的斯文》,他在书中说道,家族精神的价值不一定在于让每一个人将来都能干一番惊天动地的事业,其最大意义莫过于,尽可能让每一个个体可以得到充分发展,并在社会中寻找到自己的人生坐标。从这层意义上看,"斯文"二字堪称是激励我们家人不断进取的精神力量。

追寻张家兴旺的源头,当在平定太平天国中立下卓越功勋的淮军将领张树声。自晚清以来,从地理角度看,张家为应对时局异数,先后经历了新老圩子之变,从合肥龙门巷搬到苏州九如巷,再迫于侵华日军的战火而各奔东西。从家族传承上看,张树声是奠定家族兴旺的"奠基人",他靠的是兵戈戎马。

随着数代人接力添薪助火,家族斯文家风才成形并得以传承,尤其是张树声的孙媳,也就是我奶奶的二姑陆英——这位与洋务重臣李鸿章家族有着密切渊源的女性，不仅尊老爱幼，持家有道，其对于传统文化的热爱，深深地影响着每一位子女乃至佣人。

重视传统礼教

重视传统文化的教育，这是张家的重要传统。为了教育子女，我奶奶的二姑陆英一开始便力举请师入门式的家庭教育。张家的教育也不只是局限于死啃书本，还包括传统的礼仪教育。陆英对子女的日常习惯要求得特别严格，譬如吃饭不能咂嘴，不准把饭米粒弄到桌子上，吃西瓜不能挑大块的，不准吹口哨，还要站有站相，坐有坐相。

传统教育的另一个重要内容便是懂感恩。晚辈对长辈的感恩，这是一般的传统家风，张家自然不会例外。这里最值得一提的是张家子女们对诸位保姆的感恩。张家除了在经济上照顾保姆们，在感情上更是视如家人。张家的斯文家风传承一半得益于几代人的接力，另一半得益于融入这个家庭的佣人们。

我们要了解一个家族的内涵底蕴，从他们扩散给身边人的影响力就可见一斑。

我奶奶的二姑，四姐妹的母亲陆英，曾经在张家发起过识字运动，要求所有的保姆都能掌握基本的语文知识，在上海居住时还会带着保姆们上戏园子看戏。当时，昆曲等传统戏曲日渐式微，取而代之并大肆流行的是更通俗好懂、用白话文演的现代话剧。保姆们看惯了戏园子唱腔优美的昆曲，对摩登事物心存怀疑。话剧的内容虽大多是揭露社会不公，但她们更欣赏传统戏曲，昆曲唱的都是有诗词戏本作底子的古典故事。

她们喜欢老戏就是因为情节动人，她们可能并不懂那些高雅的唱词，但是她们发现比起现代

修复后的冬荣园戏台

剧来，老戏的情感更真实。所以家里的保姆们也渐渐地受到影响，潜移默化的结果，使她们一个个也像文化人。

艺术熏陶情志

奶奶的二姑父、四姐妹的父亲张武龄算是清朝封建大家族的一个遗少，也是最后一个。

他不仅拥有开拓创新的视野，也为近代女子教育事业作出了贡献。他继承了名门望族古朴高雅的艺术爱好，性格平和，大部分的时间都花在了阅读和昆曲上面，甚至还请了全福班的角儿来教女儿表演昆曲。

张家大女儿元和在少女时期就会创作剧本，二女儿允和年老后整理出了一批昆曲身段谱，三女儿兆和喜工丑角，末女充和在《游园惊梦》里饰演的杜丽娘一直被人津津乐道。

张武龄在教育孩子方面不同于常人，他支持孩子们玩耍打闹，给孩子们最大限度的个性成长空间，他鼓励孩子们释放天性，让他们发展自己的爱好。同时他要求女孩子要迈出闺阁，走向世界，男孩子要光大祖业，继承家声。

四姐妹中，国学底子最厚实的还属从小就被抱养离开父母身边的充和，在养祖母识修的培养下，从小就熟背《汉书》《左传》《史记》，教书先生很少告诉她所读字句的意思，因为"书读千遍，其义自见"。充和儿时最欢乐的事就是在藏书楼玩耍与读书。

内心自信坚强

张家四姐妹身上的聪明不单是自身受过良好教育给予她们的加持，而是她们十分肯定自我，肯定家族的历史，并尊重从小到大从父母、从师长处得到的知识，尊重自己成长的环境，在最艰难的时期都未曾为了保全自己而伤害他人。她们最聪明的地方就是一直在做自己，顺着家族给予的身份往前走。

四姐妹中的充和，从祖母那里学到了慈悲，也知道了一切该有的为善之道。她于是一鼓作气，坐上去到大洋彼岸的轮船，从此成为一个传奇。在美国，她从来没有放弃为自己创造一个世界的想法，在自家园子里种了一片竹林，放上了长椅，依旧用自己最擅长的方式游历生活。虽然说这个空间是远远比不上幼年时候在老家合肥时的光景了，但是她也做到了，让自己留在了最好的时光里。

四姐妹的父亲给她们取名字时没有使用花哨的女性化名字，而是赠予每个姑娘一双腿，也许就是告诉她们要好好走脚下的路。我也从而更加确定：好女孩的品质是在童年生活中就确立好了，宽裕明亮的生活是培养坚韧品质的营养。因为受过最好的滋养，所以面对后世扑面而来的苦难也就能无所畏惧，吃苦对她们算不上什么。

性格如水包容

张家有水一样的包容家风，自1929年8月起，张家便成立了水社，并编印家族刊物《水》。包容在家里是和和气气，一旦融入社会，包容往往会产生难以想象的力量。

四姐妹的父亲张冀牖毕生的最大贡献之一便是仿马相伯创办了乐益女中。虽然历经曲折，但在其短暂的存在历程中，张冀牖充分将其家族"水"的包容性格融入了教育事业之中，匡亚明、张闻天、上官云珠、许宪民等一大批风云人物曾

家族刊物《水》

就职于乐益女中。

身为校主也是"大地主"的张冀牖,面对学生大肆"批判地主阶级的罪恶"时,也表现出了一种惯性的包容。一篇讽刺地主的小说《贫与富》甚至还被收录在张冀牖捐资的校刊里。还有一个有趣的现象,也足以证明张冀牖的包容性格。作为校主的张冀牖每每遇到教职员闹矛盾时,不是各打五十大板,而是自掏腰包,请双方下馆子,一"饮"泯恩仇。

张家四姐妹,离世时分别为九十六岁、九十三岁、九十三岁、一百零二岁,她们历经沧桑磨难仍从容面对,理智地退隐,真正是"承受

张充和书法作品

得起最好的,也担负得了最差的"。而这一切的从容、大度与理智,蕴藏在读过的书里,看过的昆曲里,也蕴藏在她们的灵魂里。

张家的历史足迹,浸满了历史的沧桑,但斯文家风历经沧桑不褪色。一旦有条件,斯文就会在每一个角落顽强生长。

在晚清和民国等时代剧变的历史时期,张家子女打小从骨子里养成的斯文性格丝毫未减,他们热爱昆曲,擅长文学,执着艺术,对其他知识充满追求……他们不一定最出彩,但斯文家风在他们身上的深深烙印,足以驱使他们展示出最为精彩的人生。

台湾著名的导演侯孝贤曾经就这样说过：一直都想拍"张氏四姐妹"的故事，却找不到气质相符的演员。那是因为四姐妹所散发出来的贵族气质，是需要时间来酝酿的。著名的教育家叶圣陶也曾经说过：谁若娶了张家的四位才女，都会幸福一辈子的！

唐代的韩愈说："生人之治，本乎斯文。"在我们的习惯性思维中，斯文常常只与文化人这一个体相关。但是，张家的故事向我们打开了一扇门，让我们有信心去建立通向家庭的斯文家风。

百年斯文存续，世家和韵流风。

婚姻发酵升华爱痛

我的奶奶陆榴明是扬州人,她从小生活在冬荣园,这座园子本来是张家的,陆张两家是远房亲戚,奶奶的祖父陆静溪也是安徽人,任职两淮盐运司后,才将此园子从张家手中买了下来,所以可以说奶奶的二姑陆英和张家的婚姻是千里姻缘一"房"牵。

四姐妹的父母,婚姻门当户对

奶奶的二姑陆英出嫁时的嫁妆队伍,从合肥市四牌楼一直延伸至龙门巷,足足有十条街那么长。而婚礼之讲究,从陆英嫁妆中一个小小的木桶就可见一斑。这个木桶是奶奶的祖父陆静溪让工匠精工细作,足足准备了十年,可见陆家人在对待女儿婚事上,何其重视。

奶奶的二姑父张武龄持家时,家中财富更是

当年从张家手中买入的冬荣园

无法估量。那时的张家到底多有钱呢？据我们家里的长辈说，合肥东边的田地，几乎都是李（李鸿章）家的，而西边的田地，几乎就都是张家的，每年仅是田租就有十万担，而这还仅仅是祖产的一部分。

婚后的陆英与张武龄举案齐眉，恩爱十足，几乎是一年生一娃的频率，先后诞下了张家四姐妹，然后又连生了五个儿子。张家子孙绵延繁茂，一家人其乐融融。

张氏夫妇教子有方，九个孩子个个才华出众，单是几个儿子在教育界、音乐界的成就就夺人耳目，只不过，张家四姐妹的声名太盛，遮掩了弟弟们的光芒。

四姐妹虽然生在富贵之家，生活惬意，自小安逸，但是她们却并未因物质的丰裕而成长成庸脂俗粉，反倒她们个个都努力学习，在文化艺术领域颇有造诣，琴棋书画、唱曲演戏样样手到擒来。此外，四姐妹的爱情也堪称那时的恋爱典范。

大姐婚姻门户不当

元和作为长孙长女，自小便受到张家长辈的宠爱，不仅拥有最多最新时的玩具，更是拥有弟妹不及的无数特权。张元和自幼便熟唐诗、习书法、练舞蹈，颇有才华见识。

在兴趣上，因张家父母都极爱昆曲，家中的曲谱堆得比人都高，即便家中闲聊，也是时下流行的唱腔戏文。耳濡目染下，张元和三四岁时便能张口唱上一段了。

这自幼的爱好，也为她日后的情缘埋下了种子。

张元和结婚照

元和的昆曲老师周传瑛，有一位名满天下的师弟顾传玠，长得五官俊朗，眉清目秀，妥妥的"偶像小生"。年纪轻轻的他早已是昆曲界的实力大家，堪称十里洋场的"头牌名角儿"。作为昆曲骨灰级爱好者的元和，大学时期就痴迷于顾传玠，不仅专场演出场场要追，更是联合二妹允和给偶像写信传情。

一日，顾传玠上台前在背诵《清平调词三首》，背完了第一首，待背第二首时突然卡住，张元和不由自主地起句"一枝红艳露凝香"，无须多言，爱意已现，这大概就是前世的缘分。

1939年，张元和与顾传玠在上海大西洋餐厅举行了婚礼。他们的结合，轰动了当时的上海滩，成为各八卦小报的头条猛料。当时唱曲的地位很低，上海小报甚至以"张元和下嫁顾传玠"为题大炒，可见世俗对于元和的选择并不看好。

婚后的日子，夫妻二人过得平静自在，偶尔客串演出，戏台上，他是唐明皇，她是杨玉环，郎才女貌，堪称佳话。1966年，顾传玠因肝炎逝世，临终前，清唱了一曲《牡丹亭》。

晚年的元和日日思念着丈夫，四下奔波组织数场顾传玠纪念演出，劳心劳力，除此之外，更是精心制作了一本记录顾传玠生平与艺术发展的纪念册，为他们挚爱一生的昆曲做出努力。八十多岁的元和在一次戏中想到过世的丈夫，还忍不住潸然泪下。

不顾世俗的眼光，碰到真爱，哪管什么门当户对，哪怕什么人言可畏，元和选择做了自己。她当年不顾所有人的异样眼光，执意嫁与顾传玠；后来，她虽然不理解丈夫为何要去台湾，但还是选择一路追随；晚年，她为了怀念丈夫，一直致力于发扬昆曲。

她的一生寡言少语，看似活在妹妹们的光芒之下，但却无畏嘲讽，勇敢独立，安享爱情。

二姐婚姻贫富悬殊

二姐允和从小偏文艺类，喜欢唐诗宋词。上学时与著名语言学家周有光的妹妹是同学，因为经常到周家玩，自然就认识了周有光。当时张允和对周有光一见钟情，而周有光也对这个气质颇佳的女生有好感。

后来周有光去了杭州教书，张允和也到杭州的之江大学就读。两人在西湖边正式恋爱。谈婚论嫁之际，周有光坦率地去书一封：我很穷，恐怕不能给你幸福。

张允和回书十几页，直言：幸福是要自己去创造的。

张允和夫妇

喜欢昆曲的姐妹们，多数是喜欢杜丽娘，可张允和却更爱红脸的关公，她说关公很义气。或许这就是贫穷的周有光没有让张允和退缩的原因所在。

婚后，他们相敬如宾，每日要碰两次杯，上午红茶，下午咖啡，喝的时候还高高地把杯子碰在一起，这个习惯，他们一直保持到人生的尽头。

待到周有光成语言学大师，汉语拼音创始人之一时，两人已年过五旬。

认准了的爱人，便爱到底，管它富贵贫贱，都不能将其分离。岁月终不负有心人，真可谓：多情人不老，多情到老情更好。

三妹婚姻师生相恋

三妹兆和可以说是四姐妹里面最出名的了。她经常有很多追求者跟在屁股后面，因为追求者真的太多了，于是她便给追求者编号，"青蛙1号""青蛙2号""青蛙3号"。二姐见了，笑称沈从文只能排到"癞蛤蟆13号"。

　　我行过许多地方的桥，看过许多次数的

张兆和夫妇

云，喝过许多各类的酒，却只爱过一个正当最好年龄的人！

沈从文写给张兆和的情书很多人都知道。起初对于老师沈从文的追求，张兆和是拒绝的，但痴情的沈从文总有办法让她感觉到那份爱。张兆和甚至找校长胡适去告状，没想到连胡适都从中撮合说："他会成为中国最好的小说家，社会上有了这样的天才，你应该帮助他！"

沈从文没有放弃追求兆和，苦苦地死缠烂打了五年，兆和终究抵不过一封封真挚的情书。这个湘西凤凰走出的乡下人，凭着自己的满腹才华和一股子韧劲，终于打动了兆和的芳心。

婚后的兆和激发了沈从文的创作灵感，沈从文很多小说的女主角都是以兆和为原型的。

兆和的魅力，一部分是其性格的率真，另一部分便是其婚后的漫长岁月里的那一份从容。

四妹婚姻跨国之恋

充和自小喜欢诗歌绘画，她被章士钊誉为才

张充和结婚照

女蔡文姬。敢报考北京大学的一般来说是文理双全的人，可她国文成绩排第一，数学却是零分，不过最终还是被北大破格录取。

充和是一个万人迷，诗人卞之琳对其一见钟情，在诗中写下了那句名句："你站在桥上看风景，看风景的人在楼上看你；明月装饰了你的窗子，你装饰了别人的梦。"但是，卞之琳一直都是暗恋，直到张充和三十多岁，卞之琳还未开口一次。女人是等不起的，错过了便是遗憾。

最后张充和和汉学家傅汉思成婚了，婚后他们一同回到美国定居。异国他乡求生存，并不像在国内这般容易，即便是像张充和与傅汉思这样的高知人士，也屡屡碰壁。

刚回到美国时，傅汉思虽然一身学问，但还是找不到一份正式的工作，只能做一些兼职工，这种兼职的状态，持续了十年之久。

在这期间，两人每天都在为生计奔波，就连周末不是在工作，就是在工作的路上。

最难的时候，张充和不得不卖出杨振声赠她的十块乾隆墨（康熙年间所制），得钱一万块，以维持生计。

从诗情画意的名媛生活中一下跌入了鸡毛蒜皮的日常生活中,有落差是自然的,但令人惊讶的是,张充和半句抱怨都没有,而是把这些困境当成了生活的历练。为了让丈夫顺利考取博士,张充和跟他说:"你全心全意学习,其他事不用担心了,我来解决。"

几十年里,充和在这个与她的传统艺术和学养根基全无关涉的异国他乡,传授昆曲和书法,让美国人见识了中国文化的优雅。傅汉思曾经写道:"我的妻子体现着中国文化中那最美好精致的部分。"

充和九十余岁依然在院子里种牡丹、玫瑰,过着悠然的人生。直到一百零二岁高龄在美国纽黑文逝世。自此,四姐妹都可以在天上相逢了。

爱情婚姻的幸福意义

隽永的张家故事,已如九如巷的故园,渐渐被岁月尘封,但我们分明看到,那里曾有过姹紫嫣红。

通过张家四姐妹的人生,我们不难发现,好的爱情之于一个人的人生来讲,不过是一段不经意的相逢。

一个人的婚姻幸不幸福,在选择爱情上已有答案。

一个女孩子努力成长为更好的自己,那么爱情之于她来说,便是锦上添花。

对于自己认准了的爱情,管它什么地位门户高低,管它什么富贵贫穷,管它什么隔山隔水,哪怕隔着半个地球,也能天涯相随,而这才不失为世间最好的爱情。

幸福的婚姻不是没有阴影和波折,而是在面对人生困境时,夫妻能相互扶持,一起把起起落落的日子过得富有诗意。

想要赢得好的爱情婚姻,唯一的办法就是努力成长为一个更好的自己。这样两个内心独立、精神丰盈的人,在婚姻生活中,才能不丧失修炼自我的能力,彼此独立,共同成长,让相守变成享受,让幸福天长地久!

世家子弟的文化传承

成功总是有方法的,但真正成功的方法是稀缺的、有价的。世家子弟为什么成功的概率更大?是源于他们从小的耳濡目染,是源于他们在模仿、学习和创新他们家族成员成功的思想、观念和行为。

从教育视角看,这是典型的"师傅带徒弟"教育模式;从知识定义看,这是一种个人知识、隐形知识和实践知识。它通过一定的时间积累后,必将是转识成智,即把知识或经验转化为智慧。一个拥有智慧的人离成功是不远的。

世家子弟

"世家子弟"这个称号,可不是随随便便就能戴在任何人头上的。比如:将军的孩子,或者公司老总的少爷,或者著名教授的千金,他们虽然有家庭背景，可未必就能称为世家子弟。只有稳定地居于社会上层达到四代以上的家族，那之后出生的子弟，才可算是世家子弟。

按照周礼规定，三十年算一代人，四代就是一百二十年。只有延续了一百二十年以上的家族，才能算是世家，也只有在这种世家出身的子弟，才能算是世家子弟。

如此说来，现代中国的所谓世家子弟，还只有晚清士大夫开始而继续下来的家族子弟才够格，民国初年升入社会上层的权贵家族都还算不上是真正的世家，其子弟也还算不得世家子弟。再以后的权贵子弟，离世家子弟还有百年的距离。

简而言之，一个家族，经过三代繁衍，可以算得世家了。

世家精神

世家精神传承是核心。古代的王侯将相大多被历史所湮没，而立德立言之人我们还记得。

财富是一把很厉害的宝剑，留给没有内在品质的后人，就是在害他们。家族后代应该远离经济利益之争，这样的争执内耗会毁灭家族。同时，家族也要适当地远离政治，如同曾国藩的告诫一样，这样才能保持纯正的内心。

传承，从更高层面来看，是为了灵魂使命，是为了完成家族每个人对这个社会的贡献。功德来自于三不朽：立功、立德、立言。有了足够的功德，方是最好的传承，你的后代才会有更好的成长机会。

哈佛大学、斯坦福大学的创办者，他们用自己的财富从事文化教育，创办最优质的学校，他们不仅赢得了世界的尊重，也为后人积了福。

世家精神，就是要展示精神上的独立，思想上的深厚，更有价值的生命存在。

世家心法

心法，就是一个人做事的底层代码。这一点上，出身良好的世家子弟会比较占优势。当他们出来做事时，更多是考虑到事情本身，比如这事对社会有没有意义或者自己对此事有没有兴趣。专注事情本身，反而能更好完成，长此以往发展自然更加稳健。家境差一点的人，往往比较分心在事情带来的短期收益，比如能不能立马给家人好的生活，而对事情本身的关注会相应有所欠缺，导致发展空间受限。虽然我们的家庭出身不能选择，但是在通往智慧的路途上，你可以选择改变自己的心法。即使没有万贯家财作为后盾，你依然可以让自己拥有世家子弟一般的开阔胸襟：将着眼点放在你所从事的事情上，而不是计算何时能带给家人物质生活的提升。事实上，只要你将事情做好，物质回馈一定会有，而且会比你想象中更多。

文化教养

住高楼容易，开豪车容易，戴钻石首饰容易，吃山珍海味容易，人间万般，大多都容易办到。天下只有一件事难，是用钱用权用名都换不来的，那就是一个人的文化教养。

没有教养的人，不能算是完整的人。同样是吃饭，同样是穿衣，同样是走路，同样是住屋，有教养的人跟没有教养的人大不一样，明眼人都可以看出来。

我们说，并非上过大学，就算有教养。也不是出点小名，就算有教养。

不管祖上做多大的官，世家子弟都要遵守规矩，男子三岁始读"四书五经"，背不出来先生照样打手板。女子从小跟母亲学做家务。世家子弟一般不会养成高人一等的观念，反倒从小就根植一种危机感：不可辱没家族的美名，必须永远诚惶诚恐，小心谨慎，勤苦努力。《红楼梦》里的贾政，是这方面最好的典型。他承祖上福荫，袭荣国公爵，一生勤政，日夜不敢怠慢，哪里会有丝毫的高傲与不可一世。

俗话说：创业容易守业难。世家子弟要想守住祖业，就不能仰仗世袭睡大觉，更不能仰仗世袭欺压天下。他们要读书，要知礼，要考科举，要进朝廷做官，而且要勤政为君为民。《红楼梦》里贾宝玉虽可世袭公爵，但其父贾政逼他读书是何等严格。

世家子弟的文化教养，要经过世代的家族积累和沉淀，才能融于血脉，固于骨骼，化于细胞，它无法靠外力输入，也不能被外力所剥夺。

如果一个人具有文化教养与人生境界，自然富贵不能淫，贫贱不能移，威武不能屈，所谓士可取其命，不可夺其志。

处世智慧

很多世家里，对子弟的要求出奇一致，都要求子弟为人处世"冲淡平和"。那么，什么是冲淡平和？如果简单地从这个词语来解释，即是做人要安静平和。但真是这样理解，就小瞧世家对子弟的要求了。

冲，敢于当仁不让，敢于担当，敢于胜利。

淡，对任何事物都能放得下。

平，不论内心如何起伏，外边一定要平静，也就是俗话说的脑子不能乱。

和，和气生财，和谐共存。

可见，"冲淡平和"四字中蕴含着丰富的内容。

现在，广东人还有不少保留着宗族聚居的习惯。去过广东的朋友或许能够感受到，过年小朋友拿到大人的红包，必须先诵读一段对发红包者的祝福才能收起红包。我曾经在广州发过一个红包给同事的孩子，小朋友接红包时候的颂词足足超过三十句，长达两分钟不带重复的。

这可以看作世家对子弟的一种要求，第一是要学会感恩，第二是要学会赞美他人，第三就是不怯场。

我的父亲也反复告诉我：自己的珍宝，要么就藏起来不为人知，一旦拿出来给人看到了，就要做到舍得起、放得下。只有当你舍得起、放得下了，才能站在更高的层面看问题。当你能够在更高层面看待事物的时候，心态自然就会平和，不去计较一时的得失，而会谋划长远。

严格家教

对世家子弟来说，长辈都是谦谦君子，往来彬彬有礼，子弟们自然也不会有衙内阔少的坏习气。

听说上海永安公司大老板的女儿，平时买东西，总到别家店去。很多人想不通，为什么她不去自家店买（拿）东西。人们都以为，老板女儿到店里，当然想拿什么就拿什么。中国千千万万夫妻店，都是如此，儿女进店可以随便拿，反正羊毛出在羊身上，儿女买也是父母的钱。如此家教出来的子弟一旦做了官，就会把国家当作自家小店，把国库当自家腰包，就敢为所欲为。

这是普通人心理与世家子弟教养的不同。永安公司老板的家教，是不管谁到店里买东西，都

族　谱

要照规矩付钱，儿女也一样，没有一点特权。制度就是制度，大老板的儿女要遵守制度，大老板自己也要遵守制度。

"真正的政治家是在餐桌前养成的。"因为，往往只有在家庭内部成员之间所传授和分享的知识才是最真实、最有效、最有用的。

一个家族的成功，固然涉及时代背景、历史条件、师承关系、文化氛围等多元因素，但是世家文化和家学渊源无疑是不可忽略的一环。世家文化为我们提供了一个独特的传承视角，人非一人，代非一代，薪传火继，无不表现出世家文化传承的力度。

家谱的意义

看家谱很长知识,能知道祖宗的起源、前辈的事迹、家族的传统等。自古以来,家谱承载着伦理规范,塑造着人格精神,维系着社会秩序。

纵观历史,国家会灭,朝代会替,家庭会散,个人会亡,唯有家族历久长存,生生不息。而家谱就是一个家族得以延续存在的重要证明。

"未曾生我谁是我,生我之时我是谁?长大成人方是我,合眼朦胧又是谁?"这是顺治皇帝在五台山出家时深思的一个人类最重要的哲学问题:我是谁?

中国人重视饮水思源,不忘祖宗先人。千年来,人们把祖宗的世系和事迹记录下来传给子孙,以此证明家族的存在——这就是家谱。

宋代的家谱主要功能在于德育、教育;明代的家谱主要功能逐渐转化为宣扬"三纲五常"、忠孝节义等伦理思想；清代的家谱则注重尊祖、敬宗和德化功能。

家谱是时代的产物，随着时代的变迁，家谱的形式与内容也在不断地发生变化，但其所起的作用却不会改变。我总结一下大概有以下三个方面。

一是明辨世系。"参天之木，必有其根；怀山之水，必有其源。"通过家谱，可以查证自己的血统，知道同一个家族中的人血缘关系的亲疏远近。如果没有家谱，别说后辈不明祖宗，还可以说三代之后便无人知晓我辈了。

"亲我者，我亲之。"知道祖宗，才能尊敬祖宗；心系血缘，才能孝敬父母，尊敬长辈。我们每个人都承载着祖宗的灵魂，血脉里都流淌着祖先的DNA。DNA是生命之源，是人类遗传的密码，也是祖宗之魂。而家谱是每个家族DNA的传承，也是中华文明的承载。

二是鞭策后世。家谱不仅是寻根问祖的重要依据，而且具有道德教化的作用。所谓"尊谱施教"，就是说一部家谱，就是一本教科书，它对家族子孙后代的影响将会世代传承。

家谱从孝悌礼仪、理家穆族之理到做官为民、经邦济世之训，统括了人生的各个方面。它所涵盖的内容，正可对后人进行修身处世及树立正确人生观的教育。

三是精神依托。中国人有很朴素的祖先信仰，尊重家谱是尊敬祖先的表现。如果我们现在珍视和珍藏好家谱，那么它也是将来子孙了解我们的一个范本。

随着祖国经济强盛，许多海外华裔热心回国寻根问祖，造福乡梓，他们远在异国他乡，唯一能和祖先起着维系作用的，就是一本家谱。家谱就是他们与祖籍、族人沟通的桥梁，是他们思乡念祖的精神象征。

革命先行者孙中山说得好："族谱记述着中华民族由宗族团结，扩充到国家民族的大团结。"家谱虽是以记述一家一族为主体的史实，但不容忽视的是，它必然要涉及多家多族。俗语说："姑舅亲，娘舅亲，一辈亲，辈辈亲，砸断骨头还连着筋。"这便是全民族大团结的重要基础。

古人云："民为邦本，本固邦宁。"家睦邻安，动乱无由，国家又安能不固。而这一切的完成，重要的场所是家庭，重要的载体是谱牒。

春节、清明、端午、中秋、重阳等中华民族传统节日的逐渐复兴，也体现了中国人不忘根本、渴求家族的团结的初衷。因此，家谱不但是家族历史的记录，也是天涯游子落叶归根的精神寄托。

一部完整的家谱，应该记载着姓氏源流、世系表、家风家训家规、家传、家谱图像等最基本的内容。

姓氏源流：从一姓到一家至一国，每套家谱都会详细介绍自己家族的姓氏流变。

世系表：用来说明家族成员之间的相互关系。

家风家训家规：实际上记载家谱的为人之道、持家之道、做事之道。流传下来的《颜氏家训》

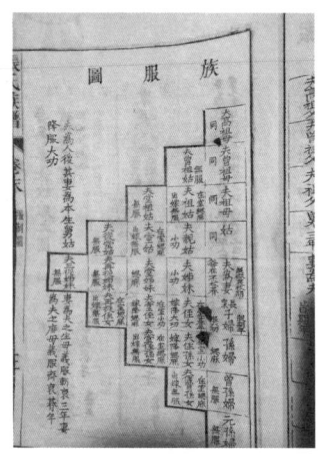

合肥张氏族谱

《章氏家训》《朱子治家格言》等，至今仍有积极的意义。

家传：一般分为列传、内传和外传等。列传是家族中有功绩男子的传记，内传是家族中有品行女子的传记，外传是家族中已出嫁的有品行的女子的传记。

家谱图像：一张好的图片能将时代的精神面貌和特质传达出来。一张祖先的画像或者老照片，加上祖上的祠堂图、故居图，能让后人观这本家谱时有更强烈的归属感。

当今我们经常会遇到学员在续写修缮家谱过程之中，纠结女儿是否能够入谱等问题。其实，他们的意思并不是女儿能否载入家谱，而是指女儿能否作为家族的传承之人。

将女儿载入家谱这样的案例，从古至今数不胜数，甚至一些家族还为优秀的女传人们写传。

古时，《李氏家谱》中便有记载："吾族自乙酉前以节烈著者备载前志，惟伯柱曾伯祖之长女归庠生赵作梅，少寡旌表，今考《博山县志》于乾隆七年崇祀节孝祠。"虽说记录的是早年丧女，守节抚孤，但也证明了古时便将女子后代的事迹也记录入家谱中的例子。

民国时期湖南的《大界曾氏五修族谱》，也把女子编入了家谱，而且谱后的"跋"也是曾宝荪这个女才子写的。

1986年，福建省长乐县横岭乡谢氏修订家谱，也把当代女性作家谢冰心编入了家谱，并且谱的序言也是冰心写的。

如果用树来形容家谱，可将儿子比作树枝，可继续发展向下延续分支；而女儿就是树叶，可添光加彩，却无法延续分支。现在，许多人在续修家谱时建议男女均入谱。

随着经济社会的发展，女性权利意识的深化，将女儿作为传承人载入家谱越来越常见。孔子的家谱已经将女儿写入其中了。最大的亮点，莫过于里面首次出现了一系列女性的面孔。在新增录的130多万后裔中，女性就有20多万人。

"凡国必有史，有家必有谱。"家谱就是一个家族的生命史，一个家族的百科全书，一个家族、家庭的历史文化汇总和历史档案。

愿你也有一本家谱，将家族史铭刻其中，将家族情铭记心中，修得一谱而得世代昌盛！

客从何处来

央视曾经播出了一个大型"寻根"纪录片《客从何处来》，记录了陈冲、易中天、马未都等名人追寻自己的父辈和祖辈的足迹的故事。这部追溯家族历史的纪录片，带领大家审视自我，寻访祖辈，追溯尘封已久的家族秘密。这个过程中，家谱起到了至关重要的作用。

陈冲追忆祖父

在这档节目中，陈冲开启了认识祖父的旅途。陈冲的祖父张昌绍在医学界颇负盛名，是中国药理学的奠基人。纪录片中，陈冲回溯了祖父的一生，发现原来在苦苦寻觅英雄的时候，却错过了身边的至亲，她觉得祖父就是一个真正的英雄，剥离了高大全的程式与英雄模式的外壳，陈冲反而对祖父的敬佩与感情更加强烈。

陈冲说:"如果我的先辈有这种执着的品质,我要是继承到那么一丁点的血液,我就会觉得很高兴。我自己的偏执、完美主义、不甘妥协,终于找到了精神血脉。家族、家谱对于每个人来说至关重要。"客从何处来?这个问题直接关系着"我们是谁",说到底,就在于一个"寻"。寻故乡、寻真相、寻家人,寻自己的根。寻根,其实是寻找我们自己。根和叶,血脉相牵。知道了我们从哪里来,也就知道了我们为什么是一家人。

易中天寻根感慨

"由于某些历史原因,现在中国人普遍的情况是跟传统文化断裂、隔绝,对自己的家史能追溯到两代、三代就不错了,"易中天坦言对自己家族历史了解得很少,"现在我想了解了,人又大都不在了。"

学者易中天,也是从家谱中才得以追溯到自己的身世:外公家和左宗棠是姻亲、继外婆是民国总理家的小姐……抗战爆发后,母亲离开生活了八年的北平辗转逃亡到湖南,并认识在保育院工作的父亲,将他诞生下来,抚养成人。

易中天在家乡读到一份200多人的名单，其中记录着在日军侵略期间遭到灭门之祸的易姓族人。其继外婆和母亲等40多人，在别人帮助下连夜逃跑，才幸免于难。他感叹，如果没有上天冥冥之中相助，就没有了后来的故事，也没有了他的存在。

原来，你的学识儒雅，和你的先祖一样。易中天感慨：家谱，就是一场"穿越时空的家族聚会"。面对先人的名字，想象他们的往事，我们仿佛能透过其目光，看岁月变幻，备感世事沧桑、生命传奇，也从中看到自己遥远的过去。有了家谱，做人才有"谱"。

马未都沧桑往事

1944年，山东一个小岛上突然飘来一个日本水雷，爆炸后死伤惨重，其中包括一个九岁的孩子。这件事没有任何正式记载，只存在于岛上老人们的回忆里。一个月后，岛上的一个男孩因不愿看到那么多无辜的人死去，做出了人生中最重要的决定：离家从军，参加抗日，而后去往北平。

这个故事，是著名收藏家马未都在故乡的家

谱上读到的。那个参军的男孩正是他的父亲，而那个离世的九岁孩子，是他那未来得及长大的叔叔。

在读到家谱之前，马未都从来不知道父亲的这段往事，也不知道是怎样的因缘际会，使他降临到世上、生活在北京。

马未都回到故乡山东，在家谱上和当地人的讲述里，意外得知父辈的沧桑往事。我从哪里来？往哪里去？这是一个所有人都问过自己的问题。马未都了解许多古董的历史，却在此刻说，他不够了解自己的先祖、自己逝去的亲人。他想多了解一点，因为，那就是了解"我是谁"。

曾经，马未都也对家谱毫无兴趣，认为那上面只是一些与己无关的名字。但自从在家谱上了解到父亲为了抗敌参军的故事，了解到曾祖父跑遍全岛，用寒酸的本子一点点记下族人的经历时，他好像看到了为了保护中国文化、醉心历史的自己。

他感叹："正是因为先人竭尽全力，今天，我们后人才不至于像无根的浮萍，才能在家族和历史的源流中，知道自己从哪里来。"原来，一个人的兴趣和抱负,和他的先祖是一样的。

乱世藏金,盛世修谱

是家谱,帮我们找回这些遗失的记忆。家谱里,让家人穿越时空相聚。我们每个人来一趟人世间都不容易,时间不长,最多百年。要将短暂的生命延续下去,除了子孙的繁衍,还需要智慧的传承。所以,人们会在家谱上记录下祖先的遗训和教诲,留给后人。

如果说家谱象征着故土,象征着根,那么家谱上的每一个名字,就象征着一片归根的叶;每一句先祖的教诲,就是家族的叶脉。

那些代代相传的家训,看似古板,可多年以后,我们却发现,那些朴实的教诲常能成为人生的支柱和路标。

原国家副主席荣毅仁的家谱中也写道:"族人必礼节当知、职业当勤、节俭当崇、争讼当息。"几代人事业的富足繁荣,其实就是从一个"温良恭俭让"的环境中发展而来。

"乱世藏黄金,盛世修家谱。"一本独一无二的家谱,浸透着一个家族的性情和品格。

李氏族谱

家谱，是庄重又平实的。归根到底，它是因为家里的每一个成员而存在。无论你是长是幼，是贫是富，甚至到了现代也已不论男女，你的名字都会被铭记其上。不管过了多少年，只要翻开这本家谱，就会有人知道你，记住你。

家谱，也是一个家族最主要的文献，也记录了诸多的历史资料，与国史、地方志一起，构成中国历史的三大支柱。近年来，不少村落掀起重修家谱潮，我所知道的番禺善世堂后人便斥资千万修复村古旧祠堂、重修族谱。

通过家谱，我们仿佛和自己的家人隔空相聚。

你会知道，原来，你的正直和你的先祖一样。研究发现，对自己的家族故事和家族历史了解较多的孩子，学习成绩也会更加优秀。

有了家谱，每个人都有一个归依的位置，我们做人才能"有谱"，我们才能活出一个家族的精气神。

愿你也有一本家谱，无论今后走到哪里，你都将记得祖先是谁，自己是谁，最后又将归根何处。

孔家的传承根基"六艺"

孔子是通达世界的中国文化名片,他曾周游列国十四年,带领三千弟子传扬"礼乐传家久,道德续世长"的儒家学说,培养了精通"六艺"的七十二弟子。

说到世家传承,孔子世家源远流长2500年,一直有完整的家谱家规家训,被称为天下第一家。从其家谱家规家训中可以看到,作为礼、乐、射、御、书、数的"六艺",一直发挥着主脉相传的作用。如今孔子的第七十六代传人孔令涛先生又赋予了"六艺"新的含义:

> 在这里"礼"代表道德准则价值观念,公民意识,社会责任和国际礼仪文化,教人知书达礼,通"礼"晓"礼",处处可以做到这厢有"礼"。

礼之后是"乐","乐"在这里是艺术修养之大成,因为艺术修养决定人的创造能力和思维方式,所以,礼乐其实也象征着社会的繁荣,也就是家文化传承当中非常重要的前两部分。

礼乐之后是"射","射"在这里是技能培养、竞技之道、学以致用、知行合一和社会实践。那么新六艺之"射"也泛指家族传承中的家族基业和家族的传统行业。在大数据到来的今天,关于传统行业和未来大数据的挑战,也是在家族传承当中准确战略定位和坐标定位的重要部分。

"御"在这里泛指领导力、自信心、自律性和团队合作,也指家族传承中的领导力,以及家族各脉络、各成员之间的自律、自信以及家庭的融合。"御"其实就是一个家族管理的构架。

"书"泛指东西方文化交流、古今文化融合的人文学科。那么用在家族传承当中"书"就是家族文化,也泛指家风家训以及立碑做传。传承家族文化,其实是每一个家族基业长青当中非常重要的灵魂,也是每个家族独有的色彩与光芒。

"数"泛指自然科学、科技创新的探索能力。在家族传承当中的"数"也代表着家族企业所面对的社会和未来的挑战,以及家族企业在同业之间的竞争力和创新能力。

传承是责任,发扬是使命。孔子的世家传承的精髓,被他的第七十六代传人孔令涛先生进行了与时俱进的阐发,并逐渐被家族所认同。

与孔令涛先生(左三)及英国伯克贵族合影

在"六艺"兼修的基础上,家族传承和家族教育就显得是那么融合。在培养家族掌门人和接班人的教育体系当中,"六艺"就是整个教育体系的主要组成部分,是世家传承的根基和体系。

家族传承密码

"不谋万世者,不足谋一时;不谋全局者,不足谋一域。"身为第一代企业家,要想打造真正的"家族春天",必须有"谋万世"的长远规划和战略眼光!中国传统文化的哲学智慧,可以解密"五代生变"的家族传承规律。

君子之泽五世而斩

家族的第一代人往往是无中生有,千辛万苦创造家业基础;第二代人是家族能量的第一次延续,而第三代人则未必能延续下去。

若采用"家族生态观"则有机会使三代大旺。也就是说,第一代完成创业后,必须在合适的时间为家族建立一套基于第一代核心价值体系的"家族生态系统"。家族第二代有一个基本使命,就是要沉淀和优化第一代的价值基因,否则就会大伤家族元气，最严重的后果就是二代而亡。家族第三代若能在第二代的价值基因中提炼家族成长要素，那么，从家族第三代开始"家族生态系统"就会建立，如此可以拥有五代不倒的家族系统优势，成就百年家业。

血脉遗产传承路径

"血脉遗产"这四个字是中央电视台纪录片《客从何处来》总导演李伦创造的。群峰肃立雨连绵，天问台巅我问天。你看看山上的瀑布义无反

奶奶的故居，今日的冬荣园

顾地飞流直下，这就是我们的家族，这就是我们的民族，这就是我们的命运和前途。

家族传承的命门在哪里？两点，第一叫财富，就是财富如何合理的使用和管理；第二叫文化，就是如何延续家族精神、人脉网络。

我们应该怎么办？中国的传统文化讲天、地、人三才，我们要有上、中、下三策。上策是身兼两职，中策是分而治之，下策叫是死不放手。

上策就是找一个非常好的接班人，这个接班人最好是你的儿子或者女儿，他既能够管好你留下的财富，又能管好你留下的企业，甚至把你的企业带上更高的台阶。中策，就是要找两个接班人，一个叫衣钵传承人，一个叫财富掌门人。衣钵传承人是继承事业的。这个衣钵传承人不一定与你有血缘关系，不一定是你家里人。下策的"死不放手"就是事先不作任何安排，牢牢掌握着权力与财富，结果一旦出现意外身亡等情况，往往导致尸骨未寒，家里人便打起了官司。

在家族企业的传承过程中，大致有四种可能：第一种，若20年后，子承父业，企业就实现了家族传承、家族控制、家族经营。第二种，家族继承股权，子女只是作为股东和受益人，创始人退休后交给职业经理人打理，即治理模式转变为家族所有、外部经营。第三种，家族通过上市逐步把股权稀释，变成小股东，家族成员凭借家族特殊资产，仍然参与经营管理，外部控制、家族经营。第四种，家族放弃所有权和经营权，让企业变成公众公司，外部控制、外部经营，家族专注财富管理。

这四种模式没有好坏之分，关键在于适不适合家族与企业。退出并不意味着失败，若能把企业卖个好价钱，让家族拥有财富与后代分享，或者让后代继续创业，也是一种选择。

五行文化蕴藏规律

五行学说是我国古代的一种物质观，它是一种原始的普通系统论：木生火，火生土，土生金，金生水，水生木。在这里，我借用五行的"金""木""水""火""土"五个字，来尝试说明一下家族传承的五个重要内容和五种行为。

"水"对应的是智。当你不再肤浅地追求物质或者名利而追求的是一种更高的存在意义的时候，

你才是最具智慧的。所以，很多人是拥有了智慧后才收获巨额财富。水重者生木。

"木"对应的是仁。拥有财富后要重视良好的后天教育，后天教育就是要吸收不止一个人的思想，甚至吸收不止一代人的思想，需要博采众长，终身学习，融会贯通。木重者生火。

"火"对应的是礼，礼就是人际关系的处理能力。对高度协同合作的社会，我们要积极、主动地投入，要投入火一样的热情。长久的热忱是实现理想事业最有效的工作方式。火重者生土。

"土"对应的是信。良好的人际关系是建立信任的基础，所以你看大部分成功者都是很讲信用的。土重者生金。

"金"对应的是义。义指声望、影响力等，信任累积到一定程度就自然而然孕育出义了。所以你看很多有钱人都会去做慈善，慈善其实就是义的一种表现形式。金重者生水。

齐家治国平天下，赢在和谐；继往开来创盛世，始于规划！而规划的制订、调整、实施需要二十年的时间。传承的艰难，除了需要长时间的准备外，它还需要有一套通用的方法论，而中国传统文化中的五行文化就为我们指明了家族传承的规律。

新时代重建家风

家族传承，学习为法，格局为重，境界为上，情志为用。

中国的文化传统令中国人具有家族的观念，也令中国的企业家们更重视百年基业、金字招牌。其实，我们能传承的，不是钱财，而是文化与品牌，是创业精神。文化与精神被传承了，家族就拥有了看不见的竞争力，家族的财富便会自然而然地进一步累积。

修复后的冬荣园

现在，对于一些"90后""00后"来说，"家风"这个词既熟悉又陌生，它仿佛只存在于描写豪门恩怨的影视剧中，每每提及总有一种恍如隔世之感。一言以蔽之，家风之不传已久矣。

今天，我们不管是要重建家风，还是要复兴家风，都需要三个基础条件：重伦理，知进退，不服输。在具备了这三个基础条件后，重建家风还需要三个重要的环节：修身，齐家，传承。

修身是根本。《大学》有云："自天子以至于庶人，壹是皆以修身为本。"从地位高的人，一直到平民百姓，没有一个人例外，都必须要以修身做根本。这就告诉我们，齐家、治国、平天下，不是本，而是末。如果你连本都做不好，后面都是空谈。修身修得好，齐家才有可能做得好，然后才有本事去治国，最后才能够平天下。

我们把修身的基础做好了，才有办法进入第二个环节——齐家。"齐"是指这个家里的人心要齐。一家人齐心协力，就叫齐家。

齐心是很难的。齐心从谁开始？从夫妻开始。齐，需要夫妻互动，我们可以从巴金和萧珊"愿得一人心，白首不相离"的爱情誓言中得到最完美的诠释。只有夫妻齐心，才有助于家业的兴旺和子女的健康成长，这是建立良好家风的关键环节。

修身，齐家，做好了，才能进入传承的环节。

我们从中国的传承文化中可以感觉到，中国人对修身、齐家是非常重视的。家都治不好，怎么出来治国？

美国富豪的财富传承

改革开放前,我们中国人还很穷,如今天很多中国人积累了一定的财富,这些财富或许自己这一辈子都用不完。那么新的问题又来了,如何为这些钱寻找归宿呢?接下来我来分享三个美国富豪的故事,大家看看他们是怎么对待财富的,他们的故事也许对你的家族财富传承有启示的意义。

亨廷顿

亨廷顿是什么人呢?他是美国西部非常有名的铁路大王。亨廷顿出生在纽约,1872年,他为叔叔老亨廷顿打工,他们的家族是修西部铁路的,那时西部出现了淘金狂,所以东部的人都过来了。他叔叔过世的时候,把家族铁路的经营权移交给了亨廷顿,从此他继承了家族发展铁路的事业,建立了太平洋铁路公司。

1902年，他的生意做到了洛杉矶，当时最有名的从西部到弗吉尼亚6000多公里的东西大铁路就是亨廷顿投资建设的，铁路的发展带动了房地产、金融业和生活社区等其他产业的大开发。所以，他们的家族产业由铁路业又发展到了房地产业，成为了当地富可敌国的富豪。

亨廷顿

此外，亨廷顿还做了一个了不起的事业，就是建了一个亨廷顿图书馆。亨廷顿图书馆是2008年全部建成的，其中还包括了中国园。

亨廷顿六十三岁的时候，娶了他叔叔的遗孀为太太。这个女人非常有文化，他们两个人搭档，把家族的财富用于了艺术品收藏，他们前前后后到欧洲去买了非常多的古书、手稿、艺术品、油画……，渐渐地建成了美国第二大的私人图书馆。

亨廷顿图书馆

亨廷顿图书馆中国园

亨廷顿图书馆最早是私立图书馆，1919年，亨廷顿和他的太太把这个图书馆捐赠给了教育基金会，由此它变成了公立的图书馆，也成为现在洛杉矶的一个非常有名的景点，全名是亨利·艾德华·亨廷顿图书馆美术馆和植物园。

这个地方，表面上看是带有游览性的，但是它又是一个教育研究机构。亨廷顿图书馆里面收藏了很多名人的手稿，包括莎士比亚、林肯等人的。它里面还收藏了大概2.5万种植物。作为研究机构，这里有许多学者，借助于这些收藏来进行研究。

亨廷顿图书馆里面有一个比较有特色的中国园。2008年建成的中国园可真是一个大手笔。亨廷顿年轻的时候，就非常喜欢中国和中国文化，他曾经买过中国茶楼，他最大的愿望是在他的图书馆里面盖有一个中国园，但是在他过世的时候，并没有能够实现这个愿望，因为资金的投入需要非常大。

1999年，他们图书馆有一个叫潘纳克的董事，他过世的时候捐了1000万美元，然后又有几个热心的保险公司和中国人捐了一部分钱，大概一共用了2700万美元来建设中国园。

中国园的面积5万平方米，有九园十八景，里面最大的四个部分是用"春、夏、秋、冬"来命名的。因为中国的春、夏、秋、冬对应着四种植物：春是桃花，夏是荷花，秋是桂花，冬是梅花，它里面就是种了这四种植物来命名四季的，可见这个园完全就是按照中国文化来建设的。

中国园里面的太湖石就用了几千吨，都是从苏州运过去的，整个中国园是在中国制作，在洛杉矶安装。

亨廷顿的财富通过艺术投资的形式，全部交还给了社会。

保罗·盖蒂

保罗·盖蒂是20世纪50年代的美国石油巨富。让我们来看一看他是怎么赚钱、怎么用钱、怎么对待文化的。

1930年，保罗·盖蒂的父亲去世时，留给了他50万美元。他用这50万美元，去发展自己的事业。因为他们家族有石油背景，所以他在科威特和伊拉克之间选择了一块不毛之地，在那里打

了四年井,但是什么油都没有打出来,在第四年到第五年的时候,几乎绝望了,突然打出了油,然后不断地就打出来很多的油。一下子,他的股票价格增长了一倍

保罗·盖蒂

多,然后他又建立了自己的运油船队和炼油厂,1957年,他被评为美国最富有的人,并保持了二十多年。

盖蒂这个人很有意思,一方面钱很多,另外一方面又十分节俭,用我们中国人的眼光来说,是属于吝啬的。

比如说,有人到他家里去玩,要打电话了,才发现他家里摆了一个投币电话,在他家里居然都没有免费的电话给别人打。

还有一次,他的一个孙子被绑架了,绑匪打电话叫他付赎金,他不肯付赎金。于是绑匪剪下了他孙子的一缕头发，割下了一只耳朵，放在盒子里送了过来，他看到了以后，知道实在熬不过去了，才付了赎金赎回孙子。可见，他对孙子也不是很大方。

他还交了很多女朋友。很多女人都认为，自己会得到很多的钱。但是实际上，他也舍不得把钱分给这些女人，去世时没有留下任何钱给她们。

这样一个人，他的钱用到哪去了？他用到了艺术品收藏和博物馆修建。在这些方面，他非常慷慨，形成了鲜明的反差。所以，你又不能说他吝啬，他有一句名言：一个人，假如不懂得艺术，

盖蒂博物馆

就谈不上是个文明的人。

保罗·盖蒂在佳士得和苏富比的拍卖会上，拍了非常多的艺术品。因为他认为，只有真正热爱艺术的人，才能称得上是个文明人。

1968年，他决定要建自己的博物馆，博物馆建在了海边，是古罗马建筑风格的博物馆。博物馆建成的时候，他说了这句话：博物馆免费对外人开放，任何人只要穿上鞋，都可以进来观赏。从这一点来看，他又是非常慷慨的。

临终的时候，他给自己每个孩子500美元。我曾经反复核实，是500万美元还是500美元，因为他那个时候有几十亿的财富。后来，我发现的确是每个孩子只有500美元，大量的钱都被他拿去盖了博物馆，盖完博物馆后，他把22亿美元捐给了盖蒂信托基金。

我们国家早期的敦煌保护，还得到过他1000万美元的资助。

盖蒂基金会一直在延续着他的生命，继续地买进一些珍贵的油画和文物。虽然，他的人不在了，但是基金会和博物馆在发挥着社会作用，让他百世流芳。

赫斯特

赫斯特这个人有点像我们这个时代的默多克，是一个传媒业的大亨，家族是靠信息产业发展起来的。他的父亲是开矿的，非常有钱，早年旧金山附近大片的土地和矿山就是他们家族的。

但是，赫斯特的兴趣不在这里。1887年，他开始办《旧金山考察报》，后来又买进了《纽约日报》，他的兴趣就是办报纸。他办报纸的路数，跟正统的报纸有点不一样。他喜欢大量地去报道凶杀、黄色、贩毒等犯罪事件，他把这些耸人听闻的新闻，加以渲染，来吸引人家看他的报纸。很多报纸在他接手的时候，发行量不好，经过他这么一折腾，发行量都上去了。

他有了大量资金后，就收购各种媒体。1925

赫斯特古堡

年,他已经建立了赫斯特报业集团,在 17 个城市有 25 份日报,发行量是 520 万;有 17 家星期日周报,发行量是 600 多万。他还有 24 本杂志、12 家广播电台和 2 家电影公司。他从电影业到报纸业构筑了一个巨大网络,成为了媒体界的大亨。

他赚了钱以后,又折腾了什么呢?他在自己的家乡,盖了一个赫斯特古堡,这个建筑非常雄伟庞大,前前后后建了 29 年,除了 100 多套房间和奢华的生活设施以外,它最大的不同是,陈列了大量的欧洲艺术品,包括家具、挂毯、绘画、壁炉、天花板、楼梯……整个花费在1.65亿美元左右,可以说是极尽奢华。

1951年,赫斯特过世以后,他的家族就在1957年把整个赫斯特古堡捐给了政府。现在这个古堡成为大家都可以去参观的地方。

这三个富豪的故事,会引发我们的疑问:为什么美国的财富传承会是这样的呢?

第一个原因:美国实行了遗产税的制度。美国的遗产税法中鼓励私人捐赠的条款相当完善,它在某种程度上,限制了贫富差别的拉大,也取得了一定的效果。

第二个原因:美国民众是有宗教信仰的。这种宗教的信仰推动了富人要把财富捐给教会或者社会。

第三个原因:美国创造了信托基金这种打理钱的方式。美国信托基金的管理是比较成熟的,可以不断地为财富带来增值,并以增值的部分回报社会。

无论如何,随着人类文明的进步,不管什么社会制度,人类还是有它共通的地方,就是在传承中体现"大爱"的思想。

财富随想

财富是相对的。相对于羊儿，青草就是它的财富；相对于牧羊人，羊儿就是他的财富；相对于商人，牧羊人和他的羊都是财富。

对一个人来说，财富是带不走的，只有通过转换，变成永久的福祉，使子孙后代都能受益。

老话说："财不进急门，福不进偏门。"急，财富沉淀不下来，老天自然不会交由你掌管。

孔子说："无欲速，无见小利。欲速则不达，见小利则大事不成。"缓，则从容不迫，气定神闲。唯有从容不迫，气定神闲，才能谋得大事。

佛家讲三学：戒，定，慧。我辈在红尘中，戒，就是要控制欲望，消除贪嗔痴；定，首先是定念、定心，心里一尘不染，心不定，一切白费；慧，即智慧，定则生慧。

到底是什么阻挡了财富？总结原因：急于求成，急于求大成！

天地万物，自有其运行规律。"物有本末，事有始终"，反规律，就会被反噬。

司马迁在《史记·货殖列传》中说："无财做力，少有斗智，既饶争时，此其大经也。"翻译过来就是说：当你年轻没有本金时，需要用体力去赚钱；稍有财富以后，就要靠智慧挣钱；当你财力足够时，就要去争取获取财富的时机，这是发财致富的常理。

司马迁所说，在当今时代，已经被我们的年轻人颠覆了。当今人在年少时，也要争取时机，而不是单纯地依靠体力。像现在的区块链、比特币、网络游戏、网络直播、自媒体、新科技等，大都是出自年轻人之手。所以，只有更适合这个社会的人，才会抢占先机，持续谋取财富，站在食物链的上游。

家族财富到了一定程度，如果没有智慧和权力来保护，相当于傻白甜，这也是一部分国人喜欢生儿子的原因，没有武力保护，钱很容易被抢走。现在则演变成了智慧，没有智慧保护财富，钱很快就会变成别人的了。

万世不移的财富是：持续的改变，适应这个社会，获取财富，并有足够的智慧保护自己的财富。

简单来说，就是迅速领先其他人，比别人更优秀，更适应社会的发展与生存。

智慧保护财富的法门也只有一条：德位相配。德不配位，钱来了也守不住，终究会散去；德能配位，钱失去了，也会再来，终究归你掌控。

中国高净值、超高净值人士所掌握的超过百万亿的财富在未来十年、二十年会发生一个重大结构性的变化，就是要易主、易手，由一代到二代。传承，这是一个非常复杂、非常多元的课题，我们需要有个思考的框架，顶层设计好了，下边的工作就能事半功倍。我认为，在不远的将来，家族信托的设立将会变得非常普遍，这是一个必备的工具，是一个标配。当我们说财富管理的时候，首先想到的应该是组合，而不是某个具体的产品;当我们在说风控的时候,首先想到的应该是风控的顶层设计即资产配置。

在未来几年,公益慈善将会变得越来越流行,中国也将会有越来越多的高净值人士把公益慈善作为他们资产组合的重要组成部分。创一代和二代之间弥合代沟,能够一起心与心相通交流,最好的途径就是做公益。

公益慈善,也是影响力投资。更重要的是影响力投资除了财务回报之外还有社会回报,有可能您的财务回报是6%,但是社会回报是60%、600%。

影响力投资既是一种资产配置,也是二代学习投资的一个较好的进入路径,更可以实现价值观的传承。

守望家训

家训是传承千年的精神力量，是融化在血液中的美好气质，是植入骨髓里的优良品格，是社会责任的坚定担当，更是接续中华文明、涵养中华气象的不熄薪火。

有了家训，意味着古风可以留存，时空可以超越，信念可以传递。

头顶同一片星空，脚踩同一片土地，总有一些记忆可以共同拥有，总有一份嘱托让彼此牵肠挂肚。

中国的家训语言通俗易懂，稍通文墨的人一看便知，为人处事的哲理，就这样一点一滴地渗透进了生活之中。

行胜于言，身正为范。为了传承良好家风，中国人不只是以言立训，还特别强调自己身体力行，以模范行动影响后人。

下面我们说一说《颜氏家训》。

清净优雅，翰墨留香。南京的颜鲁公祠，是全国唯一保存完好的祭拜颜真卿的祠庙。因为颜真卿曾被封为鲁郡公，祠堂后被命名为颜鲁公祠，历经宋元明清诸朝，几经修葺，保存至今。

颜真卿，唐代杰出的书法家，他独创的颜体楷书对后世影响很大，为世代书法家所推崇。颜氏书法，和颜真卿的为人一样，宽大、正气、厚实，他一生为官五十载，对国家忠心耿耿，清正廉洁，敢于担当，刚直不阿。

公元755年"安史之乱"爆发，就在唐玄宗束手无策、感叹忠臣何在之时，时任平原太守的颜真卿挺身而出，联络其堂兄常山太守颜杲卿起兵讨伐叛贼。次年颜杲卿及其子被捕，并先后遇害。"安史之乱"后，颜真卿派人去河北和洛阳寻

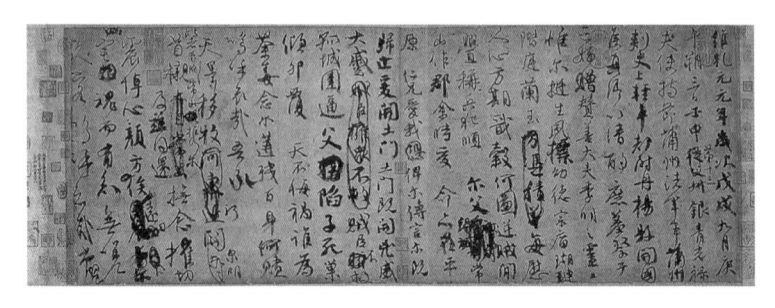

《祭侄文稿》

找哥哥和侄子遗骸，最终只找到了哥哥的腿骨和侄子的头骨。

颜杲卿一门忠烈，最后竟然尸骨不全，在这样的历史背景下，悲愤中的颜真卿以生命为线条，用灵魂作墨迹，写出了千古名帖《祭侄文稿》。

公元784年，颜真卿被派遣晓谕叛将李希烈，凛然拒贼，也被缢杀。唐德宗曾为他废朝五日，追赠司徒，谥号"文忠。"

颜真卿卓越的一生与他的五世祖、南北朝时期著名学者颜之推的《颜氏家训》密不可分。

颜之推，生于乱世，长于戎马，对南北风俗流变、政治得失、学风兴衰有透彻的了解。多舛的命运非但没有磨灭言之推的意志，反而让他对历史与人生有了更为深刻的思考。在晚年，他结

《颜氏家训》(部分)的书法作品

合自己的修身治家的经验和思索，写下了《颜氏家训》一书。

《颜氏家训》涵盖了饮食、起居、治学、修身养性、为人处世等方方面面的内容，留下了许多可供后人借鉴的至理名言。它的特点可以说是平凡中见证真理，我们读《颜氏家训》，就像跟一个充满智慧的老者在交流一样。

在《颜氏家训》的滋养下，颜氏后人崇德、重教、修身、慎行，因此隋唐以来名臣辈出。什么叫传承？这就叫传承。

家庭与事业

评价一个人是否成功，有很多标准，家庭幸福和事业成功，毫无疑问是两个重要维度。但在当下的社会，后者的占比貌似要超过前者。似乎事业有成了，就可以"一白遮百丑"，家庭如何不堪，也无伤大雅。成功学当道的时代，事业平平（买不起房）的平凡之人，哪怕妻贤子孝，却也只能受鄙视，在生活链底端徘徊。

家族企业的朋友们也常抱怨选择难，家庭和事业，如同鱼和熊掌，焉可皆得？忠（事业）孝（家庭）势难两全，自古皆然，无法抉择！

要我说，不是没有选择，而是你已经做出了选择。

《穿Prada的女王》中，成长期的Andy在"心向往之的工作"和"相濡以沫的爱人"之间难以选择，不料爱人回复：不是没得选，而是你已经做出了选择（选择了工作）。选择决定命运，既然选择了，就只能承受选择的结果。

所谓修身、齐家、治国，明德于天下，是否有逻辑上的先后顺序？当"齐家"与"创业"发生价值冲突之时，是否有高下之分，今人多重事业而薄家庭，古人又是如何选择的?

《孟子·尽心上》中有这样一段记载：

> 桃应问曰："舜为天子，皋陶为士，瞽瞍杀人，则如之何？"孟子曰："执之而已矣。""然则舜不禁与？"曰："夫舜恶得而禁之？夫有所受之也。""然则舜如之何？"曰："舜视弃天下犹弃敝屣也。窃负而逃，遵海滨而处，终身欣然，乐而忘天下。"

下面是这段话的现代文翻译：

> 桃应问孟子说："如果舜做天子，皋陶执行法律，要是舜的父亲瞽瞍杀了人，应该怎么办？"
>
> 孟子说："逮捕他也就是了。"
>
> 桃应说："那么舜不禁止他们吗？"

孟子说:"舜怎么能让皋陶不执行法律呢?舜当国家的天子就要接受这个国家的法律。"

桃应又问:"那么舜该怎么办呢?"

孟子说:"舜把抛弃天子之位看成是抛弃破鞋一样。他会偷偷地背着父亲逃跑,沿海边住下,一辈子高高兴兴的,快乐得把曾经做过天子的事情忘记掉。"

孟子讲这些,其实就是儒家强调的"为父绝君"的价值观,为了家庭,连江山权力都可以放弃,齐家和创业,孰轻孰重,就不言而喻了。所谓家国情怀,家在先,国在后,有家才有国,因为家是国的组成部分,就如没有砖哪来墙的道理一样。当然这其中也有相互依存的关系,不能绝对地理解。

据《史记·刺客列传》中记载,聂政在干一番事业之前,先是"齐家"(安顿好老母亲,安排好姐姐出嫁),然后才答应去做他人委托的大事。

从以上的事例中,你应该会明白家庭在一个人的心目中必须占有怎样的位子。

家族慈善的三重境界

资中筠先生说过一句话，大意是：很多人前半生打拼，为了证明自己是"能人"；后半生辛劳，为了证明自己是"善人"。我认为，做个"能人"不易，而成为"善人"更难。

当下中国，"能人"不少，但"善人"不多。现在，我来说说家族慈善的三重境界，也是"能人"向善的三重境界吧！

第一重境界：独善其身不违法

儒家强调穷则独善其身，达则兼济天下。当下中国，拥有财富的"达"人家族很多，但先不说兼济天下，似乎能够独善其身已然不易。

比如说一个家族企业掌门人，在谈社会责任之前，先要问问自己：产品质量是否合格？有无污染环境？比如说一个娱乐明星，号召粉丝日行一善之前，先要问问自己：依法纳税了没？

我们每个人，坐而论道之前，请先独善其身，这是基本要求，否则就是为富不仁了。

第二重境界：悲天悯人勤捐赠

先富起来的家族，捐赠出部分家族财富，回馈社会，是"能人"向善的标准路径。

捐赠的动力有很多，不论是家国情怀（回馈家族、家乡、母校、社会），抑或是宗教信仰（西方基督教，东方儒释道），甚至是企业战略（政府关系、公共关系、社会责任），勤捐赠、多捐赠，都是善人悲天悯人的本能驱动。

财富取自社会，功成名就后，再捐赠反哺社会，这是逻辑简单，也是可以量化的模式。

第三重境界：授人以渔成自助

传统公益慈善，是帮助别人，施者主导，善心虽好，但往往难以持续。公益创新时代，越来越多人意识到，授人以鱼，不如授人以渔。

同样是捐赠一笔钱，如何精准而高效？如何评估公益成果？如何建立可持续公益慈善生态系统?

这些问题越来越多地被勤于捐赠的"善人"所关注。随着中国《慈善法》的实施,以专业的力量做慈善,以法律的架构做慈善,以商业的思维做慈善,以公益创投、社会企业等方式做慈善,以授人以渔的智慧做慈善,逐渐成为慈善时代的新潮流,也是构筑创新慈善新生态的路径选择。

授人以渔的经典案例,就像阿拉善SEE的"创绿家"项目,也像万向信托的"千岛湖水基金"项目。

《大学》云:"仁者以财发身,不仁者以身发财。"财富是家族的手段,不是传承的目的。仁者爱人,慈善是财富的责任,也应该是财富的归宿。这三重境界,您的家族正处在哪一层呢?

从鲁冠球看家族传承

家族传承不仅包括财富传承,还包括精神、文化传承。对有家族企业的掌门人而言,领导力的传承更是家族传承的重要内涵。

比如传奇浙商鲁冠球,其一子三女能否顺利接班,把万向精神传承下去乃至发扬光大,仍然需要时间检验。

按中国的封建传统,太子的废立,是父皇决定的。在传承这个话题上,创富一代拥有绝对的话语权。对于接班人人选的指定,也会带上浓厚的自我印记。

李锦记家族要求准备接班的家族成员必须要先到外部公司工作个三五年。王健林也让儿子王思聪在外面创业,大不了"失败了再回万达上班"。鲁冠球的做法是把儿子鲁伟鼎送到新加坡去读高中和大学,大学毕业后回国,到万向集团的各种岗位上轮转。

这些培养传承人的案例，各具特色，并无优劣之分。但综观那些成功的传承案例，可以发现其传承的核心往往并不在于财富，而是在家族精神、文化层面的传承。

父辈开疆扩土、纵横捭阖的行事法则未必可以照搬，但那种创业必须具备的毅力、勇气和韧性，却是可以通过父辈的潜移默化来实现传承的。比如在滴滴老板柳青的身上，真的可以看到她父亲柳传志的影子；从新希望刘畅的成功中，也可以瞥见其父刘永好的风范。

父辈们意识到传承的重要性，乃是迈向成功的第一步。无论是财富的传承，还是精神、文化乃至人格的传承，都需要父辈的坚持与推动。

我们在课堂上，常常会倡议企业家们，在子女尚小时，就开始订立家规，为人父母，以身作则。父母能做到的，子女必须也要做到。父母如果做不到的，绝不强求子女完成。在子女的心目当中，父母就是眼前的榜样，这样耳濡目染式的传承，往往是可以深入人心的。

对于不少资产规模巨大的家族企业来说，实

现家族传承是一个系统性的工程。就像李嘉诚要把家族资产从东方腾挪到西方，就是一项无比浩大的工程。

很多中国的企业家，因为有了全球化的业务格局（如万向集团，在美国、德国、英国等10多个国家拥有30多家公司，40多家工厂，海外员工超万人），就需要资产全球配置。而资产的全球化，会给家族企业的传承带来难度。

从家族传承的角度来说，既要确保对家族企业的控制权，又要实现灵活传承，所以往往会借助离岸家族信托的架构来实现。把家族资产装入目标公司，再以目标公司的股权设立家族信托（有些甚至需要设立 PT+PTC 的复式信托来完成）。通过这样的顶层设计，就可以实现家族资产的隔离，在确保家族子女受益的情况下，还能起到一定程度的避债、防止子女婚变、防止子女挥霍败家等效果。更重要的是，家族企业的股权可以实现稳定存续、长久传承，让家族传承不再陷入"富不过三代"的恶性循环。

当然，绝大多数立足国内的家族企业，目前还处于传承的初级阶段。在考虑传承架构时，除了把国内企业的股权架构梳理清楚外，还需要利用"遗嘱安排＋公司章程"双驱动的模式最大化地规避传承风险，实现顺利传承。

随着财富积累到一定阶段，创富一代的传承理念也会与时俱进，很多富豪家族开始有了自己的家族宪章，父辈的烙印、家族的文化、传承的理念都会在家族宪章中予以体现。在这个方面，李锦记家族的家族宪章，已经成为华人世界规划家族传承时学习的标杆了。

一个家族，有了遗嘱的安排，还能有意愿书＋信托协议，再加上一份全体家族成员通过的家族宪章，这样的传承架构，才能算得上是基本完整了。

成为有魅力而强大的人

《庄子·德充符》里讲到一个奇怪的人——长得不好看,身体不健全,也没有什么钱,但是他是超级有魅力的故事集合。我觉得,这个人可能就是庄子自己,他在为自己的生命使用"美图秀秀"(灵魂版)。

不执着象

人们都会用自己能够认知到的理论,来让自己的生活变得貌似更加美好,更加哲学,更具有意义,甚至更加完整。但同时,我们每个人的内心,都会隐隐地觉得自己是一个不够漂亮的人,是一个不够有钱的人,是一个不够聪明的人……

庄子在《德充符》里,给了我们一个可以变得更有魅力而强大的方法,那就是"不执着象"。

我们要学会努力忘记自己的腿粗不粗,肚子

大不大，孩子优秀不优秀……这些其实都是我们外在表现出来的现"象"。

执象而求，咫尺千里。如果一个人能够慢慢地发现，所有外在的象只不过是一系列的幻觉，是一系列过往的习性造成的当下的错觉和幻象的话，他也许可以将人生呈现出一种崭新的状态，从而对这一切的"象"都不再执着和在意了。

内在安静

在饭桌上，常常会突然有一段时间无人说话，这沉默的过程，其实很能够反映在场每个人的内在是否充盈。

事实上，总会有些人忍不住率先说话，打破凝固的空气。同时，还会有些人，不觉得这件事情特别难受，不觉得所谓的冷场有多难堪。

我想，其背后的差别在于后者更加能够自处。他对外在发生的一切，没有那么强的评判和情绪反应；他不认为自己应该充当一个饭局的主导者，或是一个活跃气氛者的角色，他只是安静且怡然自得地待在那里。

然后，奇怪的事情发生了。那些匆忙说话的

人，会隐隐地在内心认为那些既不着急表达，也不着急倾听，既不会拿出手机来看，也不会发呆的人，其实充满着一种很奇妙的魅力。

这种魅力就是一种内在安静的魅力。你突然发现原来有一个人，他可以让自身的频率与整个环境的频率和谐一致，这让你感到自在和舒服。

这种自带的安静能力，其实是一种非常优雅的人格品质。当你一旦接触过拥有这种能力的人，你会发现他对你拥有非常强大的吸引力。

学会自处

似乎每个人都曾经问过自己："自己喜欢的人和喜欢自己的人，我选谁？"这其实一种内心的投射。现在，我的答案是："选择性格温和的人，选择那些和自己相处的时候不累的人。"

如果我们做父母的，能够在孩子很小的时候通过一些方法，教会孩子学会自处，那么孩子就收到了一份人生中最珍贵的礼物——成为一个不讨厌自己的人，成为一个不被别人讨厌的人，进而成为一个终身有魅力而强大的人。

不被别人干扰的自处能力，这是一种宝贵的

生命资产。我们可以这样想象，一个小孩跟着他的父母出去会客，大人们也许会聊着政治经济，也许会聊着房产投资，也许会聊着文学艺术，当然也有可能是在打麻将，但是，这个孩子在旁边安静地看着他们，他没有发呆，没有玩游戏，没有发脾气，甚至没有觉得无聊，或者他只是静悄悄地做着自己喜欢做的事，我们得有多么地喜欢这个孩子啊！

如果这个孩子长大了，成了你的男朋友，在你向他抱怨公司领导和同事的时候，他在你旁边，既不肯定也不否定，只是温暖地听着，可能点头，也可能只是看着你，没有愤怒，也没有不耐烦，就是安静地听着，你会觉得这样的一个人多么好啊！

如果这个人成为了父母，你回家跟他讲任何事情，他都不会教育你；或者你回家不讲任何事情，他也不会追着你问，也不会逼着你去相亲、去结婚，你会觉得这样的父母多么好啊！

大道至简，原来不惹人讨厌就是一个人魅力的主要元素。这样的情景，不就是庄子曾经给我们分享的吗？

一个人可以老、可以丑、可以穷、可以残疾……但是你不可以唠唠叨叨地惹人讨厌。你一定要学会保持安静，这个安静不是装出来的，而是由衷的，那是因为你和自己相处得很好。

当我们朴素得起，安静得起，不用太聪明，也不要太笨的时候，一切就都变成了自身的魅力，天地万物的力量也会回到我们的身上，这个时候我们的内心必然会充满平正安和。

觉察自己是我们此生最重要的功课，让我们一起成为终身有魅力而强大的人吧！

不折不从,亦慈亦让

2021年1月1日晚,沈从文先生的次子虎雏先生仙逝,终年八十三岁。家风使然,沈氏后人几十年来低调处世,甚至诸多有关沈从文先生的活动,家人出席也均以"不发言"为前提。在此,以沈氏父子不折不从、亦慈亦让的故事与大家共享。

沈从文先生曾经说过:"我一生不相信权力,只相信智慧。"20世纪30年代,沈从文批评了郭沫若,说他写小说一无是处,还是写写诗算了。1948年,郭沫若发表了《斥反动文艺》,批判沈从文是"粉红色文人",这给沈从文带来了排山倒海的精神压力,有了两次自杀的行为。

有人说,自杀的人是脆弱的。能有什么事情,可以比自己的生命更要紧呢?人又为什么这么傻要选择自杀呢?

鲁迅先生说过：做梦的人是幸福的，人生最痛苦的，是梦醒了无路可走。对世事洞若观火的沈从文，该是梦醒的一个。可是，经过与现实的搏斗后，他却发现现实中的自己，已经到了无路可走的境地了。

人在无路可走之后，还可以有两种选择：一是不走了，自我了断；二是开天辟地，重新闯出一条新路。自杀过两次的沈从文，选择了走第一条路，他是懦弱的。幸好第一条路走不通，于是他毅然选择走了第二条路。他不是神，不是巨人，但因为选择走了第二条路，成为了真正的勇士。

一旦精神世界出现了郁结，文字的成色就会大打折扣。这次危机之后，沈从文再也不写小说了，他在文物研究中找到了另一条生命之路，文物滋养了他的精神生活。

他从一件件古董当中，发现了我们这个民族静水深流的生命力。可以想象他报告自己转行所取得的成就时，语气多么自豪：

> 我应向你认真汇报一下，现在大略估计，除服装外，绸缎史是拿下来了，我过手十多

万绸缎；

家具发展史拿下来了；

漆工艺发展史拿下来了；

前期山水画史拿下来了；

陶瓷加工工艺史拿下来了；

扇子和灯的应用史拿下来了；

金石加工工艺史拿下来了；

三千年来马的应用和装备发展史拿下来了；

乐舞杂伎演出的发展资料拿下来了……

这些成就，都是他凭着一个人的眼力和心力，在一间十平方米的小房间里完成的。这一次重生，比他之前写小说的生命更强大。

沈虎雏，沈从文先生次子。1997年退休后，全身心地投入《沈从文作品全集》的具体组织和联络工作，并承担书信部分的整理。

2002年，于沈从文100周年诞辰纪念日面世的《沈从文作品全集》，规模超过1000万字，其中400万字为首次发表。该书搜集了目前所能搜集到的所有沈从文的文字作品，除掉已公开出版过的小说、散文等文学作品之外，还有大量从未发表过的作品，包括一些私人书信与物质文化史方面的研究成果。

从沈虎雏先生的身上，我们看到了沈从文的精神在世间延续。

一是不争辩。沈虎雏先生的这个"不争辩"，是源于对父亲的理解。他曾经说："1949年，整个社会都在欢天喜地迎接一个翻天覆地的变化，父亲你生什么病不好，你得个神经病，父亲感觉的紧张和恐惧，我们是感受不到的。他精神失常这个病程是很长的。缓解以后，表面上跟正常人已经一样，每天上班下班，但是别人觉得他还是不正常，他也知道别人这样议论他，他已经习惯了别人对他侧目而视。""后来，我看到父亲一些属于检讨性的文字，提到他有的时候在工作当中一边做事一边自己流下泪来，别人看到肯定会觉得很不协调，于是对他有所怪罪。这是解放初期，父亲的状态。这些我们都不知道。"

儿子眼中的父亲沈从文，他一生对于别人对他的批评，基本上不反驳。他在家里不说，在社会上也不说。有些批评甚至是谩骂性质的，他也不反驳。他不是没有反驳能力，他就是不愿把精力用在这个上头。"不争辩"这个家族性格在父子之间流淌。

二是不迁怒。沈虎雏先生的"不迁怒"，是他的善良。沈从文生前遭到不公平的对待，在他的一些书信中，也表达了对某些领导的不满，由于这些领导再也没有机会来解释这个事情，在沈虎雏看来，这就存在一种机会上的不均等，所以他就不再把这些内容放进父亲的全集里面。

三是人格独立。在很多的政治斗争中，对待是非的判断常常是很简单化的。你不是我这头儿的，那你就是敌人；你不跟我合作，那你就是最应该被排斥的人。在这种情况下，想保持独立的人格是非常困难的。

沈从文用了很大的力量在做一种坚持，维护自己用笔的自由。他写作，就要按自己的想法来写。按照命令或按照规定来写，他写不出来。沈从文后来转行做了文物研究，对他自己来说，不好说是幸还是不幸，但对国家肯定是"幸"的。

沈虎雏每次谈到父亲，都会用一种非常准确、没有丝毫夸张的态度，有时候他的这种本分、自矜和尊严会让别人感到压力。沈从文先生的墓临江而建,碑文上有这样的题字:"不折不从,亦慈亦让"。从儿子沈虎雏身上,我们看到了他的精神正在世间延续。

家国情怀,家国同构

今天我的演讲主要讲三个问题:一、我是谁?二、我为什么做"传承"事业?三、传承教育的价值是什么?下面分别展开。

一、我是谁?

我的老家在"淮左名都,竹西佳处"的扬州,那里是奶奶的故乡,那里有她的老房子"冬荣园"。冬荣园起初名字叫陆公馆,房子主人是奶奶的祖父陆静溪,他供职于两淮盐运司。

奶奶的祖母系李鸿章四弟李蕴章之女,她与陆静溪结婚生下的第二个女儿叫陆英,陆英就是才华横溢的"张家四姐妹"的妈妈。大家都知道"张家四姐妹"个个觅得佳婿:玉树临风的昆曲名家顾传玠,学贯中西的语言文字学家周有光,大名鼎鼎的多情才子沈从文,风度翩翩的德裔美籍犹太人、耶鲁大学著名的汉学家傅汉思。

傅汉思的太太,我的干奶奶张充和,她在1949年随夫君赴美后,五十多年来,在哈佛、耶鲁等二十多所大学执教,传授书法和昆曲,为弘扬中华传统文化默默地耕耘了一生。他们两位如果还在世,是最应该站在这里,与同济大学国际文化交流学院师生做分享的。

今天,我可以来到同济大学与大家分享"家国情怀"的主题,也要感谢宗族的前辈们,是他们在冥冥之中成就了今天平凡的我。

二、我为什么做"传承"这个事业?

自改革开放以来,中国的民营企业家和他们的家族,凭借着勤劳的双手、果敢的判断和敏锐的洞察力,在短短数十年里累积起了巨量的财富。财富产生的速度之快和规模之大,在全球范围内都是史无前例。

如今,中国的商业依然高歌猛进,上半场的草根英雄日渐垂暮,下半场的白衣骑士已昂扬入场。家族与企业错序交织,传承与发展同行并举。

据统计,中国高净值和超高净值人士掌握着

在同济大学演讲

近一百万亿的财富,而这些财富在未来的十年、二十年内将发生结构性的变化,完成从一代到二代的"易主"。

这是一个历史性的事件,人类历史上从来没有在和平时期出现如此大规模的财富传承和转移。这不仅对每个高净值家庭有重要的意义,对他们所拥有的企业、企业员工也具有重要的意义,对于整个社会也是意义重大。

大家都知道我们中国有"富不过三代"的古话,其实苏格兰也有谚语说:"父亲买,子修建,孙儿卖,重孙街上当乞丐。"所以,"传承"又是一个世界性的难题。

我们九鲲文化的主要研究方向就是探讨古今中外的名门望族的传承规律。中国古时大家族有家宰、家谱、家规、堂号等,这实际上就是家族文化的内部管理体系;欧美家族有很多是通过家族办公室来实现家族基业的传承的。

九鲲文化的使命,就是帮助那些始于夫妻同心、兄弟携手、父子同力的家族企业解决面临的新课题:当企业转型遇上家族传承,如何迈向更宽广的未来?

三、传承教育的价值是什么?

我们的传承教育并不是打造一系列的逻辑课,因为逻辑代表着推演,代表着有可能发生也有可能不发生。在传承教育班,我们讲的是规律,洞察的是人性,目标是构建和谐家族传承战略和顶层设计。

为了实现这个目标,我们用了一整年的时间,带领家族掌门人实现四个转变:从"家长"到"族长"的转变,从"管财"到"管人"的转变,

演讲会现场

从企业治理到家族治理的转变,从点状思维到系统思维的转变。

在教学过程中,我们也在破解自古以来的难题,即"齐家与创业"的难题,古代这叫"忠孝"的难题。如果我们把"孝"看成是家,"忠"看成是创业,那么在忠与孝发生矛盾的时候,我们怎么解决?

这个问题我以前一直是这样认识的:如果没有事业,光有家庭有什么用?但是我后来慢慢发现,这个"家国",家为什么在前面?还不是因为先有家才有国吗?所谓的家国情怀,应该是家国同构。

我在看《史记》时发现，中国古代有这么一个人，他把齐家与事业结合得非常好。当然这个案例可能不是很恰当，但是还是可以给我们一些启示。

《史记》中的《刺客列传》讲到好几个刺客，其中有一个刺客叫聂政，他以前因为得罪了人，躲到齐国做屠夫，有一天突然被一个大咖赏识了，想请他帮他做事。

这等于我们现在有个人郁郁不得志，马云突然过来投资，这诱惑非常大。但是，他在当时，一开始抵住了诱惑，哪怕你有黄金万两给我，我都不要。为什么呢？聂政说："因为我家里还有老母亲需要我照顾，老姐姐还没出嫁，所以我要先安顿家。"也就是说，你这个创业虽然利益很大，风险也很大，我觉得时机不合适，所以不能答应。

等到过了N年以后，聂政的老母亲身故了，老姐姐出嫁了，然后他就找到了当时那个赏识他的人，跟他说：你当年赏识我，不是我不领情，是因为我家里有特殊情况。现在我后顾之忧没有了，可以帮你做事了。所以，他就接了去刺杀另一个国家的丞相侠累的活，并一举成功。

大家知道，这事情跟荆柯刺秦王一样是有去无回的。他在刺杀成功的瞬间就被包围了，他在临死之前做了一件事情，就是把自己毁容，剖腹自杀。大家想一想，为什么这个时候要将自己毁容？因为他还有个姐姐在，为的是不连累与自己相貌相似的姐姐。

他毁容以后，人家认不出他，就把他的尸体挂在市中心，希望有人认出他，从而得知这个凶手的身份。

他的姐姐在另外一个国家得到消息以后，估计这事是弟弟干的，立即赶来相认。人家觉得很奇怪说："你弟弟已经犯了这么大的罪，你逃还来不及，为什么还来认你这个弟弟呢？"她说："妾其奈何畏殁身之诛，终灭贤弟之名。"就是说，如果我怕死不来认，我的弟弟美好的名声就传不下去了。

我想通过这个故事，大家也就不难理解"齐家与创业"之间的关系了。

人生就是一张单程车票，传承是每个人必经的出口，中国人崇尚"仁者以财发身"的齐家之道，在教学过程中，我们还会安排走访与参观活动，让大家多看、多思。

家族传承，是登高望远的大智，是血脉浓情的安排，是"仁义礼智信"的遵承，是财富，是事业，是信念，是责任。

感谢同济大学国际文化交流学院的邀请，也希望让更多的国际人士了解中国家族的故事，让家国情怀伴随文化的馨香，散发出由内而外的美。感谢您的聆听。

（本文系根据在同济大学国际文化交流学院的演讲整理）

图书在版编目(CIP)数据

家族传承：佳佳说家文化 / 陈佳佳著 .— 上海：上海社会科学院出版社，2021
 ISBN 978-7-5520-3531-5

Ⅰ. ①家… Ⅱ. ①陈… Ⅲ. ①家族—家庭文化 Ⅳ. ①C913.11

中国版本图书馆 CIP 数据核字(2021)第 054009 号

家族传承——佳佳说家文化

著　　者：陈佳佳
出 品 人：佘　凌
责任编辑：陈如江
封面设计：周清华
出版发行：上海社会科学院出版社
　　　　　上海顺昌路 622 号　邮编 200025
　　　　　电话总机 021-63315947　销售热线 021-53063735
　　　　　http://www.sassp.cn　E-mail:sassp@sassp.cn
照　　排：南京理工出版信息技术有限公司
印　　刷：上海展强印刷有限公司
开　　本：889 毫米×1194 毫米　1/32
印　　张：6
字　　数：85 千字
版　　次：2021 年 5 月第 1 版　2021 年 5 月第 1 次印刷

ISBN 978-7-5520-3531-5/C·203　　　　　　　定价:68.00 元

版权所有　翻印必究